夢枕 獏＋高橋克彦ほか

国民の知らない歴史

JN266096

WANIBUNKO
39125

目次● Contents

＊写真提供＊

斎藤政秋

戸高一成

国立国会図書館

東京国立博物館

朝日新聞社

毎日新聞社

共同通信社

東宝株式会社

平凡社

＊本文図版＊

フレッシュ・アップ・スタジオ

Truth of the hidden history

古代篇

ヒミコは邪馬台国の女王ではなかった。改竄された歴史は、聖徳太子の素性にも口をつぐんだ。

Truth of the hidden history

出雲の神々の正体

高橋克彦

東北と出雲の不可思議なつながり

出雲系列であるオオクニヌシノミコトを祭る神社は、奇妙なことにかんじんの西国にはあまりない。出雲とまったく無関係な土地のはずである東北に多く、とくに津軽、岩手、秋田あたりに圧倒的に多い。現在では、神道は我々の生活とあまりにもかけ離れてしまっているので、我々には単なる過去の伝承のような重さしかなく、神社にだれが祭られていても結局同じだろうと思ってしまいがちだが、実際にはみごとに系列化されており、だれとだれがなぜここに祭られているかということはたいてい合理的に説明ができる。

その考え方からすると、オオクニヌシノミコトが祭られている神社が東北にあるのは、単なる偶然ではなく、それは、オオクニヌシノミコトを神にいただくなんらかの人びとがかつて東北に数多くいたことの証拠である。

いったい、いつ出雲から東北にきたのだろうか。古代から信仰を集めていた岩木山の御神体にオオクニヌシノミコトがあることからすれば、相当古い時代、弥生の初期に移住してきたとしか思えない。

そこで、それを証拠立てるものが何かないだろうかと探していったときに、まず出てきたのが「龍伝説」だ。出雲にはヤマタノオロチの伝説がある。一方、オオクニヌシノミコトの次子タケミナカタノカミが諏訪で朝廷と戦って敗れ、諏訪湖の主となって龍、あるいは蛇になる。そのような龍伝承が残っているのは、圧倒的に東北においてだ。龍を中心に考えていけば出雲の民族の移動が突きとめられるのではないかというのが、最初のきっかけだったが、それをたどっていくと、見事にいろいろなことが実証されてきた。

単純なことでいえば、たとえばソバの文化圏である。

東北はソバの文化圏だ。また信州信濃のソバも有名だ。出雲には出雲ソバがある。

圧倒的にソバ食の文化圏がまず同じである。

さらに、長野と東北はリンゴの名産地でもある。

ウニの呼び方についても同様のことがいえる。岩手県や青森県ではウニを「かぜ」といい、焼いたもの、蒸したものは「焼きかぜ」という。出雲では「がせ」という。ウニの殻(から)のことをもともと古語では「がせ」といっていたようだ。「がせネタ」の「がせ」も、この、むいたら何もないところからおそらくきているのだろうが、現実に今「かぜ」とか「がせ」といういい方が残っているのは、東北と出雲地方ぐらいだ。しかも出雲にも東北にも海女(あま)がいる。もちろん、海女はウニやアワビをとったりする。

そのように、出雲と東北の文化は、これだけ離れているにもかかわらず、非常に似すぎている。

しかも、松本清張氏の小説『砂の器』にもあるように、出雲の亀嵩(かめだけ)には東北弁——東北弁とはいわず、ずうずう弁というようだが——ずうずう弁が離れ小島のように残っており、氏はむしろ相当古い時期に東北から出雲に移ったのではないかとさえ推測していた。

その亀嵩は、地理的にいえば斐伊(ひい)川の上流にあって、スサノオが降り立った場所である。すぐそばにはスサノオのヤマタノオロチ退治の神楽（かぐら）が残っているように、出雲の最も原点であり、一番古い歴史をもったところである。

ひょっとすれば、出雲の人たちが本来使っていた言葉がずうずう弁であり、それが「国譲り」のときに出雲から追い出され、諏訪のあたりにまで追放されて、最終的に落ち着いた土地が津軽であった。そして今度は、津軽から岩手や宮城にどんどん下がっていった。そのためにその人たちの使っている言葉が出雲を原点としたずうずう弁だったということが、いえないのだろうか。

そのように探っていくと、とにかく出雲と東北とのつながりは非常に強い。その一番基本になるのは、アラハバキという神様をどのようにとらえるかということである。

知られざる神〝アラハバキ〟

出雲のオオクニヌシノミコトを最初に祭っていた出雲大社にある磐座（いわくら）は、鉄鉱石に一番近いものだったようだ。青森県の市浦（しうら）（十三湖（じゅうさんこ）の近く）のすぐそばにある、本来はアラハバキ神社であるアライソザキ神社の御神体もほとんど同じ鉄鉱石のようなものである。これがアラハバキの本体だったのではないか。

▲洗磯崎（アライソザキ）神社

では、出雲の人たちはなぜそれを御神体、神としてあがめたのだろうか。それはおそらく、彼らが製鉄民だったからではないか。製鉄民には、鉄鉱石を含んだ山は非常に大事だ。何よりも貴重な財産だ。我々の今の感覚からはもう失われてしまったが、山の中に純度のいい鉄鉱石があると、それを山の神としてあがめる習慣があったのではないか。金山でも山の金脈の中心になっているものをみつけると非常に大事にするように、掘り出された純度の高い鉄鉱石がおそらく御神体になっていったのではないかと思う。それがアラハバキである。そして、アラハバキとはなんだろうかと探していくと、鉄を生み出した最古の国のヒッタイトで、鉄鉱石をつくっていた民族の町がアラジャ・ホユックという町だということがわかってくる。ヒッタイトでは鉄をハパルチと呼ぶ。アラジャ・ホユックの鉄、それがアラハパルチとなる。

このように、オオクニヌシノミコトの神社がなぜ東北に多いのかという、たったそれだけのことを突きとめているうちにどんどん話がふくらんでいき、出雲のルーツそのものもあるいは中近東、トルコの方から流れてきた製鉄民だったのではないかというところまでは到達した。

荒神谷（こうじんだに）から出てきた銅剣にしても、あれをなぜそのように埋めていたのか、そのわけはわからないが、工場生産のようなものがあったと考えるのが、一番自然ではないかと思う。

出雲神は宇宙人だった!?

私がイナバノシロウサギの話にこだわるのは、この話は『古事記』にも出てくるのだが、今の我々が『古事記』や『日本書紀』をどういう本であるかをみすごしている、というのが一番の理由だ。研究者たちは、『古事記』とか『日本書紀』にいわゆる神が登場して、空つまり高天原（たかまがはら）との間を行ったり来たりすることから、まず、完全な比喩（ひゆ）であるとか想像であるとか考えてしまう。またそう思わなければ研究を進めていけないということもある。それを大前提として神を否定してしまったわけだ。

だから、常にそれらを何かの比喩として置きかえていく。高天原というのは、どこか高いところだから、九州の高千穂ではないかと考える。神様とは支配者のことだろうと考える。神を人格化してしまっている。基本的には『古事記』や『日本書紀』は古い時代の人たちがこしらえた、いわゆるファンタジーであるというとらえ方をしている。スサノオノミコトのヤマタノオロチ退治にしても、ヤマタノオロチを川とみなして、治水つまりダム建設であると、非常に現実的なものに置きかえていく。

私も若いころそれを読んで大変合理的な考え方だなとは思っていた。ただし、私のような立場の人がおもしろおかしく書いたのだったら、それでもいいが、『古事記』や『日本書紀』はいわゆるお役人が国史として書いたものだ。そういうときにいくらなんでもそんなに想像力をたくましくして、ありもしない、空から人が降りてくるというふうなことを、まず、書くだろうか。そうなると、何がしかの伝承があったというふうにむしろ考え方を飛躍させて読み直す方が正しいのではないか。そういうことを私はまず思いついたわけである。

その目で検証していったときに、なんでイナバノシロウサギがこのように大きな話として登場してくるのかが問題になった。『古事記』にしろ『日本書紀』にしろ、書き方には基本的パターンがある。たとえば何代のなんとかいう天皇は、こういうときに生まれて、こういう時代にあって、こういう政治をしたんだというように、歴代の王の記録、『聖書』の「列王紀」の形をとっている。後になってくると、相当細かい日常的なことまで入り込んでいるが、オオクニヌシノミコトなど、初期のころの話は基本的に偉大さを訴えかけている。

イナバノシロウサギの話はその冒頭に出てくるのだから、何か我々にはわからないような大きな意味が含まれているのではないか。あそこで大事なのはウサギが予言をするということだ。八十神兄弟と一緒に行ったときに、お姫様をだれが嫁にできるかについて、ウサギがオオクニヌシノミコトに対してあなたが選ばれると予言をする。逆にいえば、『古事記』はオオクニヌシノミコトが神に選ばれた人間であるということをいいたいわけである。つまり、『古事記』のなかでは予言を言っているのだから、イナバノシロウサギこそ神なわけである。

そこで改めて読んでみると、イナバノシロウサギというものの白ウサギとは書いていない。皮をむかれたウサギのようなものと書いてある。そのときにぴんとひらめいたのは、あの当時、本当に神が存在したとして、人々がその姿を見たときに、結局、自分たちが身近に見ているものでしか比喩ができなかったのではないかということだ。神は皮をむかれたウサギのような姿であるという。ウサギというのは小さくて、赤い皮膚をしていて、目玉が大きくて、耳がとがっている。そう考えると、よく聞くエイリアンというか宇宙人の姿がすぐダブってくる。これはひょっとすると、宇宙人ではないか。神が宇宙人だとすると、オオクニヌシノミコトは宇宙人の協力を得て、出雲国というものを平定したのではないか——そう私は思ったわけである。

その目でずっと読んでいくとどういうことになるか。オオクニヌシノミコトが出雲を平定するのに協力したスクナビコナノカミ、これもイナバノシロウサギの変形だと思われるが、それが、完全に平定し終わったから私は高天原に戻るんだといって、帰っていく。後でオオクニヌシノミコトは非常に不安になって、あの神がいなければ自分ひとりではやっていけないのではないかと、神と出会った五十狭々(いささ)の浜に行って海を見つめていると、はるかかなたから、金色(こんじき)の玉が海面を照らしながら空を飛んでやってくる。そして、私はあなたの奇魂(くしみたま)、幸魂(さきみたま)であると告げる。いつでも自分たちはおまえを見守っているから、安心して今までどおりの施政を続けていきなさい、というのである。

　これは、素直に読めば、絶対、UFOとしか思えない。でも、その当時の人たちの感覚でいうと、UFOという概念がないとすれば、結局、空に浮かぶ金色の玉としか表現できなかったのだろう。その当時ではいろいろな比喩をしているのだが、今の我々の目でそれを先入観なしに読み込んでいくと、たとえば空を飛んでいるというのも本当に空を飛んだと仮定すれば、いろいろな解きあかしができるのではないか。そういうことがだんだんわかってきて、出雲というもののイメージがずいぶんかわっていったのである。

　神の指導を受けた民たちは製鉄技術を授けられた。それだけでなく稲作技術も授けられたのであろう。龍神のルーツをずっとたどっていくと、シュメール文化にいきつく。そこでは、オアネスという神が海から上がってきて、シュメールの人々に文字を教え、町の建設を教え、米のつくり方を教えたというのである。だから、神の指導のもとにそういう文化を得た人々が、シュメールからインド、東南アジア、中国、日本という形に流れ流れて、最終的に出雲にぶつかったのではないか。

　なぜなら、シュメールからずっと、龍を神と信じる人々が連なるように存在するからだ。ヨーロッパの方へいくと、むしろ龍は悪魔であるという伝説があって、龍を聖なるものとしてあまり考えていない。このように、歴然と龍を神様として信奉する伝承が、一本の道として出雲までつながっているのを発見したことから、私は、出雲というのは龍を神様とする人たちがやってきてこしらえた国ではなかったのか、そして、出雲の国譲りのときに敗れて津軽まで逃れていったのではないか、ということに思いいたったのである。

東北には日本最初の王朝が存在した

だからその当時、出雲が先進国家だったというのは当たり前なわけだ。北九州がどんなにすごかったとかいっても、製鉄技術をもっているというのはやはり出雲が一番だった。日本で最初の王朝というのは多分、出雲だっただろう。それが結局天孫族たちに敗られてしまったのではないか。

日本の歴史に対しての誤解はずいぶんある。私ははたして日本に太陽信仰があったのかということを非常に疑問に思っている。素朴な太陽信仰は太平洋の各地に残っていて、太陽は、いろいろな恵みを与えてくれるという意味では、確かに信仰の対象になったのだろう。それは理屈ではわからないわけではない。だが、我々が今、太陽を神様として信仰できるかというと、そうではない。

今の日本人の三分の一ぐらいに太陽を神様だと思える人が残っているのだった

ら、私は太陽信仰があったことを否定しないが、九割九分はそう思っていないだろう。太陽信仰があったと思い込むのは、きっと古代社会は非常に素朴な人々の集まりだったという先入観があるからではないか。そうすると、アマテラスオオミカミもおそらく太陽神ではないだろう。

シュメール系の人々が、出雲とほとんど同時期に津軽の十三湊（とさみなと）に上陸した可能性は大きい。アソベ族が五千年ほど前に岩木山のふもとにやってきたということが『東日流外三郡誌（つがるそときんぐんし）』にはきちんと書いてあるが、このアソベ族とは何か。たとえば岡山の吉備津（きびつ）神社でウラという鬼を退治したときにウラの魂を鎮めるのは同じ一族の阿曾（あそ）の女、つまり阿曾女（あそめ）でなければならないという。そういうことから考えると、アソ一族は相当古くから山陰地方と津軽地方に定住していたという仮説は、ありえないわけではない。そこで出雲を追われた人々が結局、同族が定住していた津軽へ逃れていったことももちろん考えられるわけである。

どちらが先かということになると、これはもうつきとめることは難しい。ただ、歴然とした神話が残っているのだから、とにかく出雲にいた種族、しかも龍を信仰する種族が出雲を追われたことは確かだろう。それははっきり記録に残されているのではないかという気がする。

Truth of the hidden history

歴史から消されたヒミコ

関　裕二

ヒミコと神功皇后は同一人物!?

北九州（九州北部）のどこかにヒミコはいた。このような推論が、かつては優勢だった。たしかに、北九州は海上輸送の拠点として、日本で最も有利な立地条件を備えていたから、この地で交易が隆盛し、富の蓄積とともに日本で最初の王国が誕生してもおかしくはない。

さらに『魏志』倭人伝（以下『魏志』）を読む限り、邪馬台国が九州にあったと考える方が理にかなっている。

しかし、邪馬台国を北九州に比定すると、奇妙な現象がおきる。北九州のどこを探しても、なぜかヒミコや邪馬台国の存在をにおわせる伝承が残っていないのだ。もちろん日本中どこを探しても、ヒミコなる人物を祭った神社は存在しないから、この奇妙な現象を北九州にだけあてはめるのは少し酷なことともいえよう。だがそれにしても、今まで仮空の人物として捉えられてきたスサノオが日本全国に祭られているというのに、日本最初の大王ヒミコの伝承がまったくないのは、やはり不自然というほかはない。

それでは、正史『日本書紀』（以下『書紀』）の中から、二〜三世紀ごろ北九州で活躍していた女性を見出してみよう。ヒミコに比定しうる女性が一人いた。神功皇后――彼女こそが、まさしく地理的にも時代的にもピッタリとヒミコに合うのである。ところが、ここにも不思議なことがおきる。

『書紀』は神功皇后の摂政三十九年の条に、「是年」として、倭の女王が帯方郡に使者を遣したという『魏志』の記事（そのほか四十・四十三年条にも記事を載せる）を紹介しておきながら、『魏志』に現われるヒミコなる人物を神功皇后その人であったと断言していないのだ。あたかもそうであるかのような消極的な紹介の仕方にとどめている。もしヒミコが天皇家にかかわりのあった女傑・神功皇后だとすれば、

『書紀』は、むしろ『魏志』の証言を大いに利用したはずである。だが、『書紀』は神功皇后が摂政として政治の実権を掌握していた事実を認めながら、その一方で、神功皇后を（女）王＝天皇とは認めなかった。

ここに『書紀』のヒミコに対する複雑な思いが隠されているとするのは、はたして早計であろうか。ちなみに、『風土記』では、神功皇后が天皇であったとする説がさんざん出てくる上、『住吉大社神代記』には、第十五代の天皇だったと明記してある。

それでは、北九州にヒミコの伝承がないことと、『書紀』の不自然な態度との間に何かしらの因果関係を見出せるであろうか。

伝承が物語る九州王朝の存在

ここでがぜん脚光を浴びるのが、宗像（むなかた）大社だ。先にも述べたように、現在多くの学者は邪馬台国を北九州の地に求め、ヒミコがそこにいたとする。だとすれば、神代の時代から続き、皇室の尊敬も厚かった北九州を代表する神社、宗像大社に邪馬台国の謎を解くカギが隠されていてもおかしくない。そして事実、この神社の伝承を調べてみると、北九州を支配していた、意外な人物にゆきつく。そして、この人物の存在が、邪馬台国と北九州との関係を明らかにしていくのである。

さて、まずはこの神社に残る伝承である。『宗像大菩薩御縁起』という文書には、次の三つの不可解な内容がある。

一、宗像三所菩薩（宗像三神）の本体は十握剣である。
二、宗像の先祖強石将軍（宗像三神の分身）は住吉大明神と親子関係にある（住吉大明神が子にあたる）。
三、強石将軍とは、のちの太祖権現である。

これだけ見ても、何が謎なのかさえわからないであろうから、手短かに解説しよう。

それでは、わかりやすい三の説からみる。強石将軍、すなわち宗像三神は太祖権現だったと『縁起』はいう。そこで「太祖」という二文字に注目してほしい。「太祖」とは「王朝の始祖」を意味する。しかし、宗像三神の末裔が天皇家の祖となった形跡はない（わずかに高市皇子が宗像氏の母をもつという例があるのみ）。

次に二だ。強石将軍は住吉大明神の親だという。住吉大明神は、アマテラスとスサノオが生まれる直前に、イザナギから生まれた。これもやはり三柱からなる海神だった。だが、住吉大明神と宗像三神との間には、『記紀』をみるかぎり、まったく関連性はない。あるとすれば、同じ海神だったというだけである。

それでは一はどうか。宗像三神がもともと十握剣から生まれたことは『書紀』も認めている。だからといって、宗像三神が十握剣そのものであるとはいっていない。するとこの一節も、『書紀』にはない隠された伝承であった可能性が高まる。

九州を席巻していた出雲王朝

そこで、この三つの謎を解いてゆこう。まず一だ。『縁起』は、なぜ三体の宗像神を一体の十握剣に置き換えたのであろうか。

私はそもそも住吉・宗像・わたつみといった海神たちがすべて三体であることに、かねがね疑問をもっていた。海神をわざわざ三体ずつにしたのには、何かしらの理由があったはずだ。そして、その理由とは、古代の日本の制海権を握っていたある人物を抹殺するために仕組まれた罠だったと考えている。仮に宗像大社が本来の崇拝神を抹殺され、むりやり三体に分けられたのだとすれば、その本来の姿を十握剣という御神体と奇妙な縁起を利用して後世に真実を残そうとしたとする推論は、十分魅力をもってくる。

そして、この推論を裏づけてくれたのは、奈良県磯城郡田原本町八尾の鏡作坐天照御魂神社であった。ここの神社の祭神は、天照国照日子火明命、つまりニギハヤヒである。おどろくべきことに、この神社の現在の宮司は、祭神・火明命の別名ニギハヤヒをご存じないのだ。というのは、この神社の御神体は鏡であり、この鏡こそが火明命だとされているのである。

出雲王朝が滅亡し、『書紀』の成立（『天武天皇 隠された正体』参照）とともにニギハヤヒが抹殺されていく中で、鏡作神社はかたくなに祭神・火明命の名を守った。しかし、その裏で、ニギハヤヒという実在した大和の大王ではなく、鏡そのものが火明命だったということにして、朝廷の問責をかわしたのだと思われる。そして長い年月とともに、本当にニギハヤヒの名は忘れ去られてしまったのである。

私は、この「火明命＝鏡」説を聞いたとき、宗像大社のすべての謎が解けたと思った。鏡作神社の「鏡」がニギハヤヒであるなら、「十握剣」が歴史から抹殺された人物を象徴していても、まったく不思議でないことになる。そして、十握剣といえば、だれもが思いつく人物がいる。スサノオである。スサノオは十握剣をもって八岐大蛇を退治し、出雲を建国した。そしてこの剣は、物部氏（スサノオの末裔）の石上神社に祭られたという。

宗像三神は『書紀』によってスサノオとアマテラスの子であるとされた。ところが、この三神を祭る宗像大社は、祭神が本来十握剣だったという伝承が残されていた。この事実は、宗像大社の祭っていた海神がスサノオの子ではなく、じつはスサノオ自身だったという推論を導こう。すなわち、古代日本の制海権を握っていたスサノオの姿がそこにあるのである。

一の謎は解けた。宗像大社の祭神がスサノオだとすれば、三の謎はすでに解けている。宗像三神が朝廷の祖なのではなく、スサノオこそが出雲王朝の祖であり、大和王朝の遠祖だったということになる。

それでは二はどうか。スサノオと住吉大社が親子関係にあったとはどういうことだろう。問題は住吉大社の祭神だ。先述したように、こちらの祭神も三体、表筒男（うわつつのお）・中筒男（なかつつのお）・底筒男（そこつつのお）である。ところが、この神々には別名があるという。向匱男聞襲大歴五御魂速狭騰尊（むかひつをもおそほふいつのみたまはやのぼりのみこと）。これは一体何者なのか。宗像三神と同様、この神も歴史から抹殺された誰かであった可能性は高い。

私はこの神こそが、大和朝廷初代大王ニギハヤヒとみる。なぜなら、ここの宮司は代々津守氏が務めてきたが、津守氏は火明命＝ニギハヤヒの末裔であり、さらに明治天皇は津守氏が火明命の末裔であることを根拠に、住吉大社を特別扱いしてい

▲宗像大社

るからだ。このように、ニギハヤヒに大いに関係のあった神社でありながら、その伝承がまったく残っていないということは、住吉大社の祭神がもともとニギハヤヒだったのであり、後の世にこの真実を公にできない事情、すなわち朝廷の圧力があったことを雄弁に物語っている。

住吉大社の祭神はニギハヤヒだった。かれはスサノオの息子であるから、住吉大社は宗像大社の子供であるという主張は成立する。

そうして、宗像大社の伝承から、計らずも『書紀』によって抹殺された出雲王朝の存在とその戦略が見えてきたのである。

日本の原住民・縄文人の大王スサノオ

の樹立した出雲王朝は、出雲と北九州をスサノオが支配し、日本海ルートを確保する一方、ニギハヤヒを近畿地方に君臨させ、瀬戸内海を制圧したのである。この当時、日本の大動脈、日本海と瀬戸内海を掌握したということは、とりもなおさず日本を統一したことと同義であった。そして、この事実は、万世一系を建前とするのちの朝廷（九州系）にとって、けっして後世に残すことのできない秘事であった。

だが、『書紀』がなんと言おうと、スサノオが日本を支配していた二〜三世紀当時、天皇家は九州の一地方の「王」にすぎなかった。

もちろんこの推論は、天皇家の祖アマテラス（大日孁貴（おおひるめのむち）＝大日巫女（おおひみこ））こそがヒミコと同一人物であったという私見に基づいている。スサノオ、ニギハヤヒの死とともに出雲王朝が衰弱したからこそ、ヒミコは急速に勢力を伸ばし得たということなのだ。すなわち、北九州は最初スサノオが支配し、のちにヒミコが支配した。これが宗像大社の伝承から判明した事実である。

『魏志』倭人伝のウソが古代史を変えた

北九州をめぐる二王朝の相克（そうこく）は、ヒミコの率いる九州勢の勝利に終わった。この勝利を足がかりに九州王朝は東へ移動し、今日の天皇家が誕生したのである。しか

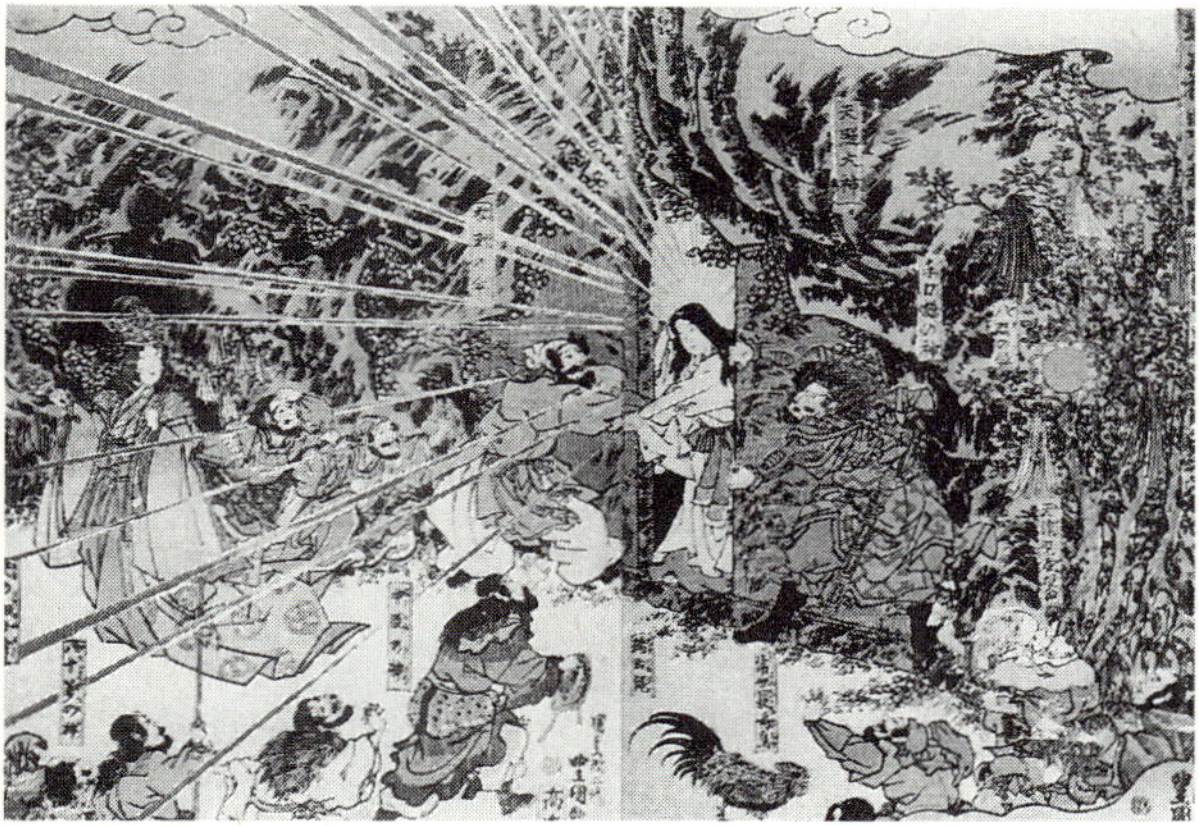

▲アマテラス

し、そうなると、『書紀』が皇祖ヒミコの存在をうやむやにしてしまった理由が理解できなくなるのである。

　だが、このような疑問も、『魏志』を読み直せばおのずと解けてくるのである。『魏志』には、今まで誰も気づかなかったトリックが隠されている。その証拠は次の一節にある。

「女王国の東、海を渡る千余里、また国あり、皆倭種なり」（『魏志倭人伝』）

　この『魏志』の一節によれば、ヒミコのいた九州から東にむかって海を千里渡ると、そこにはまた倭人の国があるというのだ。ここで『魏志』は不気味な沈黙を守ったことになる。なぜなら、その国の人口や風俗に関してまったく触れなかったからである。つまり、この記述は、九州から東の国々を『魏志』が無視していることを意味している。

考古学的にみれば、邪馬台国・大和説が成立するほどの遺跡が近畿地方から確認されている。そこで、この当時の日本には、九州に限らずほかの地方にも多くの国家が誕生していたのは確かなことになる。これは当然のことで、東国の縄文人の力を背景として一大王朝出雲（ヤマト）が大和にはすでに存在していたのだ。

すると、大和に強大な王朝が存在しながら『魏志』はこれを記さなかったことになる。すなわち、出雲王朝の存在を無視したところに、『魏志』の政治性と成立の真相が隠されていたのである。

このように、『魏志』の裏側には政治的駆け引きが存在していた。そして政治的思惑を背景に、『魏志』は巧妙なトリックを駆使したのである。この政治的思惑とは、もちろん魏からの使者にあったのではなく、これをうまく利用した九州王朝側にあった。つまり、北九州に到着した魏の使者は、九州王朝の仕組んだ罠にはまり、ウソの情報をそのまま本国に持ち帰ったのである。

『魏志』によれば、邪馬台国は北九州から南へ水行十日、陸行一月を要したという。だが、この記述はどう考えても不自然なのだ。このとおり進めば、九州の南端鹿児島を通り抜け、海中に没することは自明の理である。そこで、この記述に対して、これは帯方郡から邪馬台国までの距離であるとか、この一節を掲げ、まるで鬼の首を奪ったかのように女王国は大和にあったとする説もある。しかし、この記述の意味が理解できないという理由で文脈を無視し、ほかの意味にこじつけたところに大きな誤ちがあったのである。

邪馬台国が北九州から南へ水行十日、陸行一月のところにある、という証言はウソだった。しかし、このウソを、日本の地理に疎かった魏の使者は素直に信じた。一方、九州の地理を熟知している現代人は、先入観ゆえのこの記述を疑問に思い、あれこれ理屈をこねたのだ。つまり、九州王朝は時代を越えて、我々をだますことに成功したのである。

だが、この一節がウソだとわかった以上、九州王朝の思惑は手に取るようにみえてくる。つまり、魏の使者が知りたかった邪馬台国の場所を、九州王朝は教えたくなかったのである。二世紀にいたるまで小国が分立し、国力も弱かった日本に一大王朝ヤマト（出雲）が誕生したことを知った魏は、あわてて実情を探らせたにちがいない。そして北九州の地において、当然、邪馬台国はどこにあるのかと尋ねたであろう。出雲勢力を九州から駆逐したとはいえ、いまだ九州の連合国にすぎなかった女王国（ヤマタイ）の役人は、自らがヤマト国であることを強調したはずである。そこで生まれた答えが、邪馬台国は北九州から南へ水行十日、陸行一月という無謀なデマだったのである。

それでは、魏の使者がヤマトと信じてしまった女王ヒミコのいた邪馬台国とは、いったいどこにあったのか。

あまりに月並みな答えだが、それは邪馬台国北部九州説の最有力候補地、福岡県南部の「山門（やまと）」であろう。

弥生時代後半の北部九州の中心は筑紫平野で、しかもこの平野を支配するには水上交通の要、筑後川を必要とした。さらに、筑後川を手に入れるには、久留米市御（み）井（い）の高良山（こうらさん）から山門に続く「山岳地帯」を押さえる必要があった。山門は、そのような「防衛上の要衝」でもあったわけである。

出雲抹殺のために消された皇祖・ヒミコ

日本に稲作文化が入ったことにより、それまで小国に分立していた各王国は、次第に統合され一大王朝へと成長していった。そのひとつが出雲とヤマトであり、もうひとつが九州王朝であった。王朝の成立とともに、大陸との外交的な交渉が必要になるにつれ、九州の地は日本において最も重要な地になっていったのである。それは、九州を制圧しなければ王朝の存続も許されないほど重要な地であった。

北九州は争乱の地と化した。これは歴史の必然でさえある。そして最終的に勝利をおさめた小国九州王朝は、大国出雲王朝との合併に成功した。さらに八世紀にいたり、単独政権となった九州王朝は出雲王朝の存在を抹殺したのである。だがこの作業の中で、みずからの輝ける皇祖・ヒミコの存在も同時に抹殺しなければ、出雲王朝をこの世から完璧に消し去ることはできなかった。

朝廷の手によって創作された幻の英雄アマテラス（ヒミコ）が民間信仰として定着せず、スサノオを代表する出雲系の神々が各地に祭られているのはこういうわけだったのである。

◆

Truth of the hidden history

聖徳太子の素顔

小林惠子

聖徳太子は倭王タリシヒコだった●男王にまみえた隋の使者

推古(すいこ)朝時代に、倭国に来た中国の隋(ずい)の使者裴世清(はいせいせい)が見た倭国王は多利思比孤(タリシヒコ)という男王だったと『隋書』（「列伝」「東夷」）にみえる。しかし、大和朝廷の推古は女帝である。そこから、実は裴世清らは大和に来たのではなく、北九州の、ある国に来たのではないかという説も生まれた。しかし、『日本書紀』（推古十六年条）に、隋の使者は四月に筑紫に至り、六月十五日に難波の津に到着、倭国の使者の船が淀川の河口まで出迎えて、できたばかりの難波の館に案内したとあるから、裴世清らが北九州に留まっていたわけではなく、大和地方に来たとみて間違いない。そこで、彼らが見たものは、女帝推古ではなく男王だった。隋の煬帝（ようだい）に書を送って、隋国と国交を求めたのは、皇太子である聖徳太子なのだから、門脇禎二氏のように、『隋書』にいうタリシヒコこそ聖徳太子であり、彼は倭王だったという意見が出てくる。

私達が一般に口にする聖徳太子という呼称は、実は『書紀』にはみられないのである。『書紀』では厩戸皇子（うまやどのおうじ）とか、皇太子（ひつぎのみこ）などとある。彼が聖徳太子という名で一般に定着するのは、平安時代初期の『聖徳太子伝補闕記（ほけつき）』（八〇〇年頃成立）あたりからといわれる。最も古い時代、聖徳太子本人の生存中の呼名は、推古十三年（六〇五）に造られた飛鳥寺（法興寺）の丈六釈迦光背銘（こうはいめい）（現在は消えて見えない）に記された「等与刀弥弥大王（とよとみみのおおきみ）」である。大王とある以上、やはり聖徳太子は倭王だったとする他はない。裴世清ら、隋の使者を出迎えたのは、後年、聖徳太子といわれるタリシヒコだったのである。しかし、それでは憲法十七条を制定して、統一国家としての体裁を整え、東アジアにおいて、空前絶後といえる中国との対等国交を樹立して、倭国を一躍、国際舞台に乗せた、英邁（えいまい）な倭王タリシヒコは、何故史上から抹殺されたのか。何故、彼は仏教信仰の厚い聖徳太子としてのみ名を残すことになったのだろうか。

タリシヒコの謎●茶色の髪をした太子像

聖徳太子が生まれたのは敏達朝初期（五七二〜五七四）といわれているが、その生誕に関して謎に満ちた数々の逸話が残されている。まず『書紀』だが、ここには、ある日のこと、母の穴穂部皇女が厩戸の前に来た時、労せずして太子が生まれ、これより厩戸皇子と名付けられたという話がみえる。この故事には、すでに明治時代に久米邦武氏（『上宮太子実録』）が厩で生まれたキリストとの関連を指摘している。

平安時代に書かれた太子の伝記である『聖徳太子伝暦』等には、太子は六度、中国の僧侶として生まれ変わり、七度目に日本に生まれたが、前世は慧思という末法思想を広めた僧侶だったとう。しかし慧思が入寂したのは五七七年であり、太子はその時点で、すでに生まれているから、これは話としても成り立たない。太子が慧思の後身といわれるようになったのは、奈良時代に鑑真に従って来日した唐国の僧侶の思託（『上宮皇太子菩薩伝』）等によるといわれる。

また、敬明という僧侶の書いた『七代記』（宝亀二年・七七一）には、慧思と共に禅宗の開祖として有名な達磨が登場する。慧思が修行中の達磨を訪ねて、修行は何年になるか、霊験があったかと訊ねたところ、達磨は嘆息して、何年たっても霊験も威力も授からなかったと答え、人情悪しく、殺人が横行している海東の国に、正法を宣揚するために誕生したいと言った。慧思が重ねて「達磨とは誰のことですか」と聞くと、達磨は「私は虚空である」と答えて、東に向かって行ってしまった。達磨が去った後、慧思も七度目の生まれ変わりをして、倭国の王家に生まれたという。

当時、朝鮮三国と倭国を総称して、海東といったから、この場合の海東は、日本のこととして差し支えない。このように、『七代記』では、慧思だけではなく、達磨も来日したようにみえる。前出の『伝暦』には、太子の生まれる際、穴穂部皇女の夢に金色の僧侶が現われ、自分は西方から来た救世観音だが、しばらく、あなたの腹を借りたいと言って口中に飛び込んで来た。しばらくして生まれたのが聖徳太子だったという話も載っている。

法隆寺の夢殿にある救世観音像は、この太子の誕生説話から建立された像だろうが、観音のせいか、如来宝珠で飾られている。実は救世観音は、達磨が慧思の問に「私は虚空である」と答えた虚空蔵菩薩にきわめて似ているのである。虚空蔵菩薩は頭に如意宝珠を飾る菩薩としては例外的な仏であるが、衆生を災難から救い、重罪を犯した者にも、救いの光を投げ掛けてくれる大慈悲の仏であるといわれる。この虚空蔵菩薩の特性は観音菩薩と同じであることから、虚空蔵菩薩は観音菩薩と深い

▲救世観音を安置する法隆寺夢殿

関係にあると考えられている（加藤精一「虚空蔵菩薩を読む」『大法輪』昭和六十一年九月）

穴穂部皇女の口中に入った救世観音とは、虚空蔵菩薩であり、海東に生まれ変わるために東に去ったという達磨を暗示していたのだ。つまり、達磨＝虚空蔵菩薩＝救世観音＝太子となり、慧思前世説以前に、太子の前世は、達磨と考えられていたことがわかる。

しかし、先述したように、奈良時代になると太子は慧思の生まれ変わりにすり替えられた。何故、すり替えられたか。それは達磨が百五十歳の五三二年に毒殺されたといわれる人であることと、その出身がペルシア系の胡人（こじん）であったことによると思われる。奈良時代には、聖なる太子の前身が外国の胡人であったり、毒殺されたという噂のある達磨の後身というのは具合が悪いと考えられる時代になっていたのである。それにしても、人もあろうに、何故、太子の前世が遠く、ペルシア系の胡人と考えられていたのだろうか。

私達のイメージからすると、太子は墨絵の達磨大師や、まして縁起ものの達磨とは、およそ結び付かない。しかしそれは後世、定着した太子のイメージであって、最初からそうだったとはいえないのである。法隆寺に現存する騎者像を織り込んだ法隆寺錦は、寺伝では太子が新羅(しらぎ)に遠征した時に造らせた旗というから、太子自身がモデルと思われる。この騎者像の顔は髭が濃く、目鼻立ちが大きく、立派な胡人の顔である。おまけに冠の飾りが法隆寺の救世観音のそれと共通し、ササン朝ペルシアのコスロー二世（在位五九〇～六二七）の冠の飾りと同型なのである。ササン朝ペルシア王の冠飾りと同じなのは、誰しも文化の東漸(とうぜん)と思われるだろうが、コスロー二世は太子と同時代の人である。直接的な交渉がなければ、同時期に同じ形式の冠飾りというのはありえない。

物部守屋(もののべのもりや)のゆかりの寺である大聖勝軍寺（大阪府八尾市）に、六十年に一度、開帳する、太子の子供の頃の像という植髪(うえかみ)太子像がある。前代の御住職はうす笑いを浮かべながら、太子像は日にやけて褪(さ)めたせいか、髪の色が茶色だと言った。六十年に一度の開帳で日にやけるというのも、おかしな話ではある。加古川市の鶴林寺(四天王寺)は、一年に三日間だけ、太子像を開帳するが、御住職の話では、ここでも太子の髪は赤茶色であるという。一体、これは何を物語るのだろうか。

鶴林寺には、聖乗という人が七〇二年(大宝二)に書いたといわれる『鶴林寺縁起』という書がある。事実とすれば、七二〇年(養老四)成立の『書紀』より古い史料になるが、それには百済(くだら)僧の日羅(にちら)が帰国しようとしたので、太子が神通力を使って、鶴林寺の周りに刀を逆さに立てて、日羅の帰国を阻止したという。日羅は敏達十二年(五八三)に殺されたから、敏達初期に生まれたという太子の年令と合わない。『鶴林寺縁起』だけではなく、播磨(はりま)には、太子は史書にあるより、年長であることを思わせる伝承がある。

鶴林寺から姫路市を挟んで西に斑鳩(はんきゅう)寺があるが、ここには斑鳩寺にしかない「勝軍会」という祭りが古くから伝わっている。毎年二月、鵤(いかるが)庄内に住む、両親健在の健康な長男である四人の男子が、斑鳩寺内で太子と父子の契(ちぎ)りを結ぶ儀式をおこなう祭りである。この祭りが近年にはじまったのではないことは、四人の男子が女の子のように垂髪(すいはつ)をしていることによってもわかる。斑鳩寺の太子像もそうであるが、太子像の最も古い形は女性のように髪を長く背中に垂らしているのだ。この髪形は当時、ユーラシア大陸で大いに勢力をふるっていた騎馬遊牧民の突厥（とっけつ）（鉄勒（てつろく））の王族と同じ髪形なのである。

有名な太子の煬帝（ようだい）への親書は、それまでの朝鮮三国や倭国の朝貢国からの上表文形式だったのと違って「日、出（い）ずる処の天子、日没する処の天子に書を致す。つつがなきや」だった。この倭国を中国と同等に扱う文書を見て、煬帝は不機嫌になったといわれるが、この形式は、騎馬遊牧民の匈奴（きょうど）以来の伝統なのである。何故、このように太子には異国臭がつきまとうのか。それはかれが突厥の可汗（カガン）（王）・達頭（タルドウ）だったからだ。

タリシヒコと突厥可汗・達頭●消えた達頭の行方

中世の書であるが、『八幡愚童訓（ぐどうくん）』や『豫章記（よしょうき）』には、推古八年（六〇〇）に戎人（じゅうにん）（戎とは西方の野蛮人）八千人が鉄人を大将にして、筑紫から播磨に上陸した。途中、彼らは当たるに敵なく、多くの者を死傷させたという。播磨は『書紀』（垂仁天皇三年条）や『播磨風土記』に天日槍（あめのひぼこ）が新羅から来て最初に上陸した場所である。

当時、外国から渡来する場合、筑紫（つくし）から瀬戸内海を通って播磨に上陸するルートがあったらしい。この戎人は明らかに朝鮮三国の人々ではない。三国の人なら、高句麗・百済・新羅と国名を明記するのが普通だからである。

六世紀末、隋が統一するまでの中国は、南北朝に分裂していただけでなく、五世紀頃から、その南北朝もそれぞれ弱体化し、周辺の異民族が力をつけ、中国内部まで侵入してくる時代だった。特に匈奴の末裔、騎馬遊牧民のエフタル、エフタルより東にあった柔然などがそうだった。六世紀中頃になると、柔然の家臣で鍛冶職を業としていた突厥(鉄勒)が力をつけ、五五二年に突厥の土門可汗が柔然を滅ぼす。同じ頃、西方、シルクロード上の亀茲国の東北の金山には西突厥のシルジブロスがいた。彼は五七六年に死んだが、彼の息子にトゥルクサントスという名の者と、義理の息子であり後に倭国に入り、聖徳太子となる達頭がいた。達頭はササン朝のコスロー二世と交際しながら、当時、イスタンブールを首都としていたローマとも使節の交換をしていた。彼の側近にはペルシア人やアラブ人がいたといわれている。

五七七年（敏達六）に北朝の北斉が北周に滅ぼされる。この時の突厥可汗は他鉢だが、彼は恵琳という僧侶から仏教を学び、深く信仰したという。太子の側近の高句麗僧恵（慧）慈をはじめとして、倭国には、恵弁、恵聡と「恵」という名のつく僧が多いが、恵琳の法弟と考えられる。僧の系譜においても、突厥＝高句麗＝倭国と連なっているのだ。他鉢は五七九年に死に、可汗の地位をめぐって、実力者の阿波（アバ）と沙鉢略（シャハチリャク）が争うことになる。そこで他鉢の妻で、北周王室の公主、千金が沙鉢略につき、彼の妻になることによって、沙鉢略は可汗の地位を得た。五八一年（敏達十）、隋の文帝（ぶんてい）が北周を滅ぼしたから、北周出身の千金は深く文帝を恨（うら）み、夫の沙鉢略をそそのかして、隋に反抗させる。そこで文帝は、もともと仲の悪い沙鉢略と阿波を離間させて、突厥の勢力を弱体化する長孫晟（ソンコウ）の政策を採用した。五八三年（敏達十二）、長孫晟は間諜を使って、沙鉢略に阿波は仲間を裏切ると密告させた。密告を真に受けた沙鉢略は、阿波のいない間に阿波の部落を襲撃し、一族を

小林恵子・著『聖徳太子の正体』より

皆殺しにした。阿波は仕方なく金山の達頭の許(もと)に身を寄せた。

隋は阿波が達頭の許に身を寄せる前に、沙鉢略と達頭が連合することを警戒して、達頭に、突厥のトーテムである狼頭の旗を贈って懐柔していたが、達頭と阿波が兵を合わせて強力になると文帝は不安になり、今度は文帝が千金の甥にあたるゆえをもって、沙鉢略の援護をはじめた。隋の救援を得た沙鉢略は、五八五年(敏達十四)、阿波を捕虜にし、彼の妻子を生け捕りにした。この頃、阿波は達頭のいた金山から西をことごとく勢力下に置いていたから、達頭は東に移動していたらしく、阿波を救援した様子はない。沙鉢略が死ぬと、沙鉢略の弟が可汗となったものの、すぐ死に、沙鉢略の息子の都藍(とらん)が後を継ぎ、また千金を妻にした。千金はこの後、隋の陰謀もあってペルシア人との私通を理由に、夫の都藍に殺されるという波瀾に満ちた人生を送った女性である。

この頃、都藍と達頭はしばしば戦っていたが、隋は突厥同士が離間する作戦を堅持し、可汗になって、すぐ死んだ沙鉢略の弟の息子である突利(とつり)を懐柔する。それを知った都藍は腹を立て、達頭と連合して隋に反抗するようになる。この時期の達頭の勢力範囲は最大級に広がり、五九八年、ローマ帝国の皇帝マリウスに送った書簡の冒頭は「世界の七人種の大首領、七国土の君長たる可汗は、敬(うやま)いてローマ皇帝に曰う」というものだったという。太子が煬帝に送った書簡に匹敵するスケールの大きさではないか。

ところで、五九八年という年は、東アジアは大動乱の起きた年だった。まず、隋は水陸三十万の兵をもって、高句麗遠征に乗りだした。時の高句麗の嬰陽王（えいよう）は、達頭らと連合していたらしく、隋が高句麗を攻めている最中の六月、達頭と都藍が西方で、隋と結んでいた突利を攻めた。突利は一族を殺されて、命からがら隋に逃れた。しかし隋は策士の楊素（ようそ）らを大将にして達頭らを攻めたので、達頭は完敗して、一時、行方不明になった。隋は翌五九九年四月に、当時まだ皇太子だった煬帝を大将にして、達頭・都藍連合征伐をおこなった。ところが隋軍と戦う前に、都藍は部下に殺され、達頭は単独で隋と戦うことになったので、再び完敗して、彼はまた、行方不明になった。

中国の史書は、人の動きはきわめて几帳面に記録するのが普通であり、突厥も可汗になると、何時、どのように死んだかが明記されている。ところが、達頭に限っては、死んだということも、どこでどうなったかも記載されていない。正史では、五九九年の四月をもって、彼は姿を消したのである。『資治通鑑（しじつがん）』の同年十月条に、達頭が雁門（がんもん）（山西省代県）で、韓洪（かんこう）と戦ったというわずかな痕跡を残して、中国史上より杳として姿を消すのだ。雁門は中国の東方への出口である。中国本土にはもちろん、隋があり、西方はその頃、ササン朝のコスロー二世が、ササン朝最後の光芒を放って勢力を拡大していた。北は隋に援護された突利がいる。そこで、達頭は同盟する東の高句麗の嬰陽王を頼って高句麗に亡命したことが考えられる。『隋書』（「本紀」）の開皇二十年（六〇〇）正月条に、突厥・高句麗・契丹が朝貢してきたとみえる。この場合の突厥は、達頭をおいて考えられない。というのは、同じ『隋書』の「東夷伝」をみると、同じ年、倭国が朝貢してきたとある。六〇〇年は推古八年だが、もちろん『書紀』には倭国から使者を送ったとは出ていない。小野妹子が推古十五年に隋に行くまで、推古朝時代に倭国が使者を送ったことはないのである。そこで、『隋書』「東夷伝」では達頭が倭国王であることの承認を求めて高句麗使人に同道して、隋に使者を送ったのが、「東夷伝」にいう倭国からの使者ということになったのではないかと思う。つまり、正史にみえる突厥使者と「東夷伝」にみえる倭国使者は同じ達頭からの使者と考えられるのだ。

倭国へ再生した達頭●六〇〇年倭国上陸

さて、この推古八年（六〇〇）は、先に述べた『豫章記』等にあるように、戎人が鉄人を大将にして、筑紫から明石に上陸した年である。『書紀』推古九年二月条に、「皇太子初めて宮室を斑鳩に興す」とある。二月という月は播磨の斑鳩寺で、太子と在地の子弟が父子の契りを結ぶ祭りがおこなわれるのを思い出していただきたい。達頭は六〇〇年中に、播磨に上陸、翌推古九年二月、『書紀』にみえるように斑鳩寺に、倭国で最初の居宅を構え、在地の住人の子弟を取り立てたのが、斑鳩寺の祭りとして継承されてきたと思われる。

何故、私が達頭が六〇〇年中に倭国に入ったことに固執するかといえば、六〇〇年はキリスト生誕六〇〇年にあたる年だからである。ペルシアには当時、キリスト教の異端、ネストリウス派が大勢、亡命しており、突厥の中にもキリスト教徒がいたといわれる。博学な達頭がキリスト教を信仰しないまでも、知識はあったことは間違いない。そこで、六〇〇年という、きりのいい年をみずからキリスト復活になぞり、倭国へ再生する意味をこめて、六〇〇年中に倭国に上陸したと思う。それが『書紀』に厩戸皇子という名を残す要因になったと考えられる。

『豫章記』にみえる大将の鉄人とはむろん、達頭のことである。鉄人とは突厥の一派、鉄勒からきたものと思われる。達頭は突厥だからモンゴル系民族なのに、茶色の髪の伝承があるのを不思議に思われるかもしれないが、匈奴に近い烏孫（うそん）は青眼、赤髭だったと史書に残されている。しかも、達頭はもともと西突厥に属していたから、混血もあって白人系の風貌をしていても驚くにはあたらないのである。

達頭は来倭して、倭王として、隋と国交を求め、六〇七年、小野妹子を隋に使いさせ、翌年、倭王タリシヒコとして隋使を大和に迎えた。この時をもって、タリシヒコ倭国と隋は講和したのである。達頭とタリシヒコとは、一脈、通じる名ではないか。

太子は外国人だった。それも突厥という遠国の人だったこと。それと太子の子の倭王だった山背皇子（やましろの）が、孝徳・天智・天武という次代の倭王達の策略で一族全滅したため、タリシヒコが倭王だったことすら、後年、抹消されることになったのである。◆

Truth of the hidden history

中世篇

莫大な黄金を抱え、義経はモンゴルへと向かった。彼を匿った北の王国は幻のジパングなのか？

Truth of the hidden history

義経北行伝説の黒幕

荒巻義雄

義経蝦夷地逃亡説の背景

北海道に生まれ北海道に住む筆者は、源義経（みなもとのよしつね）の蝦夷（えぞ）地逃亡伝説を、少年時代から知っていた。

出身地は小樽である。以前、色内（いろない）町といった町にあった私の家から、子供の足でも楽に歩いて行ける場所には、例の手宮洞窟があった。子供心にも不思議な気がしたこの岩窟文字は、いまだ決定的な解読はされていない。が、当時は北海道へ逃げてきた義経一行が、ここから大陸へ渡ったとき、書き残したものだといわれていた。

筆者は、そうした環境で育ったものだから、義経に対する関心はひとかたならぬものがある。いや、一人筆者のみならず、義経伝説は北海道では関心が高く、研究者も多いし、また義経ファンの多さは他県にひけをとらない。

しかし、客観的な目でこの伝説を検証してみることも大切である。

――つまり、どうしてこうした伝説が生まれたものか。

なにしろ、伝説は明治期にはさらに自己主張し、ついには小谷部全一郎(おやべぜんいちろう)の義経・成吉思汗(ジンギスカン)説にまで肥大したのだからすごい。

おそらく、百人のうち九十九人までは本気で信じているとは思われない。しかし実に魅力的である。人びとは、半信半疑どころか、九十九パーセントは否定しつつも、一パーセントの可能性を捨てきれない。

なぜだろうか。人間だからである。兄頼朝(よりとも)に追われ、平泉(ひらいずみ)に落ちた悲劇の英雄。庶民というものは、絶対こうしたキャラクターを殺しはしないものだ。

筆者もこの考え方に賛成である。

「英雄は死なない。したがって義経も死なない。ロマンだ、ロマンだ……」

である。

私の義経研究は、けっこう長いほうだが、少なくとも最初は右のような考えであった。筆者は、長い間、超古代史といった伝説伝承がらみのジャンルで仕事をしてきた作家であるから、どうしても史実よりも伝説を重んじがちである。つまり、

「どうせ、ありもしない話なら、一つありそうな話に仕上げてやろうじゃないか」

と、まあ、だいたいこんなところである。ある意味では、はなはだ不真面目な精神というか、変な作家根性で、義経と付き合いはじめたのである。

ところが、作家生活も二十年を越すと、しだいに知識が溜まってくる。決して専門家とはいえないわけだが、日本史とともに、東アジアの歴史など多少身につくようになるにつれて、

「ひょっとすると、義経伝説ってほんとうなんじゃないか」

と、思いはじめてきた昨今である。

嘘でも根拠はある

伝奇ロマン小説を手がけてきた作家なりの経験からいうと、いかに空想力があっても、まったく根拠のない話は書けないものだ。

資料や遺跡巡りなどの取材をしながら、話のネタを探す。完全な史料に基づけば歴史小説だが、伝奇ロマンでも一応の根拠があって、はじめて書き出すのである。

よく言うではないか。〝火のないところに煙は立たない〟と。煙が伝説であり、火が根拠である。

完全な嘘話はファンタジーである。もし江戸時代の戯作者が、月世界へ行った旅行記を書いたとしよう。これは誰も信じやしない。いくら、義経かわいや！　であっても、義経が蝦夷へ逃げたという話は、月世界へ行く話と、当時の感覚ではほとんど同じだったであろう。

しかし、歴史書には書かれていないが、巷間の一般常識があったとすればどうだろうか。義経伝説は、そうした常識を有する巷（ちまた）の人びとには、十分、あり得る話だったのではないだろうか。

だからこそ、徳川光圀（みつくに）編纂の『大日本史』はじめ多くの書物に、義経蝦夷地脱出説が書かれているのである。

消された日本史

さて、当時の常識である。どんなものか。正史からは欠落したもう一つの歴史のことだ。私は、義経伝説は梯子（はしご）を外された話だと思う。

たとえば、梯子という道具が忘れられてしまった文明があったとしよう。この国の人が古代の遺跡を発見し、地上何十メートルかの壁の上に兜がかかっているのをみつけたとしよう。彼らはきっと不思議がるにちがいない。

「あれ、あんなところに兜がある。いったいどうしてあそこにかけられたのだろう」

と、梯子のない文明国の人は思うであろう。

「昔の人は空が飛べたのだろうか」

われわれ現代人は、ちょうどこんな状態で義経伝説を見ているのではないだろうか。

この失われた梯子が、正史よりものの見事に消し去られたもう一つの日本史である。ほかでもない、大和中心史観からすれば、異族であった奥羽の歴史である。

二つの日本

最初はなかば首を傾げつつであったが、今は断定できる。昔、日本は二つあったのだ。簡単に言いきってしまえば、一つは大和日本。もう一つは日ノ本日本である。

日本は弧状列島である。北は日本海である。韓国の人たちはこれに異議申し立てをして、

「けしからん。コリア海と言うべきだ。少なくともわれわれの国の東にあるから東

海だ」

と、言い出しているが、これは、それなりに根拠のある主張である。日本海は一種の大きな内海である。日本列島は、防波堤のように日本海を抱えこんでいるが、朝鮮半島もサハリンも沿海州（プリモルスキー）も沿岸である。

対岸は見えないが、たいした海ではない。大きな瀬戸内海、大きな琵琶湖といえなくもない。非常に古い時代から、この海を渡る海上交通は盛んであったはず。往時は、陸地には今のような舗装道路などなかった。むしろ、海上を船で往来するほうが楽だったし、荷物もたくさん運べた。陸より海のほうが、ずっと往き来に便利だったわけである。

とすれば、朝鮮半島から対馬海峡を渡る邪馬台国時代の交通ルートがあったように、サハリンから北海道、奥羽へいたる沿岸づたいの航路も昔々からあった。直接、日本海を横断する大陸から能登半島付近を結ぶ航路もあった。

現に証拠はいくらでもあるが、正史日本史があまり列島北方の歴史に触れないのは、よって成り立つ史観が、大和中心になりすぎているからである。

たしかに、日本史というやつは、南（もしくは西）方主体である。日本列島は回廊状になっており、廊下の南西の入口から入りこんできた連中が、北東へ向かって勢力を伸ばしてきた。

ところが廊下の北東にも別の入口があり、ここから日本へ渡ってきた人びとが先住していたのである。

つまり、南西勢力による北東征服史が日本史だという言い方もできる。結局のところ、戦って勝ったやつの歴史なのだ。廊下の北東にいた人びとの歴史が彼らの手で消されてしまうのは当たり前だ。

これが、筆者の言う消えた梯子だ。この梯子の存在を知らずして、少なくとも仮定しなければ、義経伝説は説明できない。

ねらわれた奥羽

奥羽藤原氏は和人である。古い時代に奥羽に入植した人びとである。大和側は彼らを俘囚（ふしゅう）と呼んで蔑（さげす）んでいた。昔は、別の国、別の領域だったとみなしてよい。

ところが、大仏建立のころ、奥羽の人びとにとっては不幸なことに、この地で黄金が発見された。天平勝宝（てんぴょうしょうほう）元年（七四九）、陸奥（むつ）国小田郡（宮城県遠田郡）から出た砂金九百両であった。

以来、奥羽に対する執拗（しつよう）な大和側の攻撃が開始される。

義経のころ（十二世紀）の奥羽は、今の日本のように金がうなっていた。源氏の大将、頼朝にしてみれば、ぜひ手に入れたい国であったろう。

一方、藤原氏の本音は、非武装中立といったところだったろう。なにしろ都平泉は地上に築かれた仏国土である。

秀衡は名君であったから、源平対立の世界情勢をうかがっていたにちがいない。ちょうど米ソ対立冷戦構造下の日本みたいなものだ。

▲衣川の河岸に立つ義経最期？の地、義経堂

秀衡は〝傲る平家は久しからず〟と形勢を読んだ。金売吉次に意を含め、源氏の御曹子、義経に接近する。幼名牛若丸は、こうして平泉に下り、秀衡の養子のような存在になる。

はたして、その後の義経の活躍は、目を見張るものがあった。都の人気もナンバーワンだ。貴ノ花みたいなものだ。はたまた舞ノ海か。義経、やること万事、派手である。義経得意の戦法は、大衆をあっと言わせる奇襲攻撃である。きっと、発想の奔放さから見てB型人間にちがいない。

一方、鎌倉で政務に励んでいた頼朝は官僚タイプである。と、くれば、多分A型人間だ。A型はB型に気質的に圧倒されるから、きっと弟義経のことが気になって仕方がなかったにちがいない。

京での人気を一人占めにした義経は、危険な存在ということになった。義経の背後には金のうなっている奥羽勢力がついているのだ。これが朝廷と結びつく可能性がある。

鎌倉はその真ん中である。前門の虎後門の狼ということになりかねない。中国と日本の接近を今内心で警戒している欧米のようなものだ。

そこで、義経追い落としにかかる。あわよくば、ついでに奥羽藤原氏も片付けてしまおうということになる。

たとえが悪いが、金屛風（きんびょうぶ）事件のようなことになって、義経は奥羽へ落ちる。頼朝住友銀行が藤原平和相互銀行を合併してしまう。ちょうどそんな関係だったんじゃないか。

かくして、あっけなく藤原氏は、鎌倉軍事大国に滅ぼされる。

残党は北へ避難

だが、藤原氏は滅びても、一門および多くの人びとは、北へ脱出したのではないだろうか。そう考える方が自然である。

当時、平泉の北方は、多分、完全に別な国であった。奥羽の北は津軽大里と江戸時代の地図にはある。東方の三陸側がエビスである。

筆者は実際に義経伝説を訪ねて、平泉から竜飛(たっぴ)へいたる逃亡ルートを歩いたが、明瞭な一本の道筋が浮かびあがり、驚くほどだ。

義経一行が、ひとまずこのエビスの国へ逃れたことがわかる。おそらく再起を期すため、北上(きたかみ)の山中に身をひそめたであろう。

が、鎌倉の追及は厳しく、主従は三陸から青森を通って十三湊(とさみなと)、さらに津軽半島経由で蝦夷に渡る。

鎌倉側にとっては未知の領域であったろうが、この二つの東北地方の国と奥羽藤原は隣接国である。人の出入りもあり、交易もあり、当然、人脈もあったはずだ。

大勢の人びとが平泉を脱出して、東北地方の奥へ逃れたことは十分想像できる。今でも戦乱のある土地を離れて避難民の群が隣国へ押し寄せているではないか。たとえば旧ユーゴである。

　ある者は蝦夷の渡島へも渡ったはずだ。北海道南部の半島部である。ここにいた和人がいわゆる渡党だ。避難民は、ほとぼりのさめるのを待ち、ふたたび奥羽へ戻ったにちがいない。

謎の安東水軍

　さて、ここで正史の裏面から浮かびあがってくるのが、安東水軍である。『東日流外三郡誌』全訳（北方新社刊）の刊行によって、筆者も、驚くべき実力をもっていたらしいこの水軍の存在を知った。

　依然、根強い偽書説もあるようだが、かなりの部分は信じてよいと思う。彼らはわが国のフェニキア人ともいえる存在であり、内海地中海の代わりに日本海を縦横に航海していたという。

　同書は東北の『古事記』であろう。寛政五年（一七九三）に津軽藩の秋田孝季と和田長三郎が、津軽地方を中心として、当時まだ遺されていた古文書、民間伝承を集めてまとめた史書である。

　この中に、十一世紀後半から十五世紀前半にかけて海運で栄えた安東氏の歴史が

▲十三湖（かつての十三湊）の湖岸にある山王坊・日吉神社

書かれているのだ。

彼ら安東商船団は、蝦夷の物産を積み日本海沿岸を往来していたばかりか、対岸の沿海州、サハリン、カムチャツカ、朝鮮、中国へも足をのばしていたのみならず、中国からは宋の船が根拠地十三湊に出入りしていたという。

しかし、興国二年（一三四一）、この大商港は津波に襲われて壊滅したと同書にはある。ただし、津波があったという考古学的確証は、今のところないそうだ。

その後、一応復興はしたものの、八戸などを拠点とする南部家の攻撃を受け、十数年におよぶ攻防戦の末、安東盛季（註、その子の康季という説もある）は、松前に逃げ、後の松前藩の基礎を築く。

どうやら、この地は別天地であったようだ。古代津軽の住民は、南方系の阿蘇辺（あそべ）族と北方ツングース系の津保化（つぼけ）族の混住混血であったらしく、最後に、荒吐（あらばき）族がやってきた。この荒吐は、筆者の姓と一音ちがいなので、大いに気になる。

この最後の移住者は、安日彦（あびひこ）・長髄彦（ながすねひこ）兄弟とその一族であり、彼らは、東征してきた神武軍に敗れ落ちのびてきた。以後、北上する大和朝廷軍と戦って、大いに悩ますわけである。

つまり、古代からこの地は、反大和の姿勢があったわけだ。

東北のレジスタンス

筆者は権力者が大嫌いである。したがって、権力者におもねった歴史も信用しない。歴史をどう読むかは、われわれ国民一人一人の自由意思でよい。

安東水軍の存在は、藤原氏にとっては、奥羽の繁栄を陰で支える海運企業であった。

奥羽の物産は、安東海運会社によって、日本海沿岸各地に運ばれ、交易の利益をもたらしていたのではないだろうか。

金満長者金売吉次の京都往復も、北陸沖を進む安東航路が使われていたのではないだろうか。

往時のクロネコヤマトの宅急便だ。十三湊から敦賀(つるが)にいたり、その先は野坂山地を越えて湖北へ。琵琶湖水運を使い大津へ。京までつづく大幹線ルートがあったと思われる。

鎌倉の頼朝は、太平洋側の東海道ルートである。反対の日本海側にそうしたルートがあり、奥羽が直接、京都、西国へつづいているとなると、経済的にも不利である。

頼朝は、おちおちしてはいられなかったはずである。

しかも彼らは、アムール河をさかのぼり、北方民族と交易していたふしさえある。東北のみならず、どうもシベリアの金まで採掘していたらしい。

ちなみに、蝦夷錦の伝来は、大河アムールの交易ルートである。すなわち、元代朝貢貿易に用いられた中国産の豪華な絹衣が、さらにサハリン経由で北海道のアイヌの人びとに伝わったものである。

この北のシルクロードの活動は、義経のいた十二世紀ごろまでさかのぼるらしいと、北海道側資料ではいわれている。

◆

Truth of the hidden history

平泉黄金伝説

中津文彦

大和朝廷が狙う蝦夷の黄金

平安末期、東北地方に独立圏を形成していた藤原氏の「平泉王国」は、膨大な量の産金を背景として繁栄を誇っていた。この王国は文治五年（一一八九）頼朝の侵攻によって滅び去るが、これと同時に産金量も急激に減少してしまったものと推定されている。なぜそうなったのか、という点はまったく解明されていない。史料の乏しいことから歴史学界でもほとんど研究テーマとして取りあげられていない問題だが、歴史上の大きな謎の一つであることは間違いない。資源の枯渇によるとは考えにくく、今なお藤原氏の〝隠し金鉱〟が眠っている可能性も大いにあるといっていい。

この「藤原氏の黄金」の特徴は、初代・清衡（きよひら）のときに突然あらわれ、王国の滅亡と同時に姿を消したことだ。その謎を探るためには奥州の歴史をひもとくことがまず必要だろう。

今から八百年余り前の平安末期まで、日本は南北に分かれていて二つの国があった、と考えると歴史はわかりやすくなる。もちろん西欧のようなシビアな国境の存在や国家関係を連想することは避けねばならないが、少なくとも平安初期からはそうした二つの国の対立や外交、侵略、防衛などという図式をあてはめて眺めると、歴史がぐっと立体感を増してくる。

二つの国の一方は、大和朝廷を源流とする天皇制国家であり一貫しているのだが、もう一つの国のほうはその体制だけでなく本質的な部分でもかなりの変節をたどっている。その源流は東北地方に根を張っていた縄文族の集合国家で、やがて彼らは朝廷側から蝦夷（えみし）と呼ばれるようになり、侵略に対する抵抗戦争を繰り返す。朝廷は東北地方を陸奥（むつ）国、奥州と呼んで一応は支配体制下に置いた恰好（かっこう）になっていた。しかし、実際には支配力はほとんど及ばず、朝廷に帰順の意を表して俘囚（ふしゅう）と呼ばれるようになった蝦夷は、しだいに奥六郡（現在の岩手県）に独立圏を形成していく。そして、前九年の役、後三年の役という二度の戦争をへて、藤原清衡という支配者が登場するわけである。

彼はすでに蝦夷でも俘囚でもなく、奥州人とでもいうべき存在となっていた。以後百年にわたって藤原氏は奥州を支配し続けたが、文治五年、頼朝の侵攻によって滅び去る。ここではじめて日本は一つの国家に統一されたとみていいだろう。

この消滅した〝もう一つの国〟の側の歴史は、残念ながらほとんど不明である。だが、この国から金が産出したことが朝廷側の征服欲を刺激し、ここから両者の

◆藤原氏と安倍氏の関係

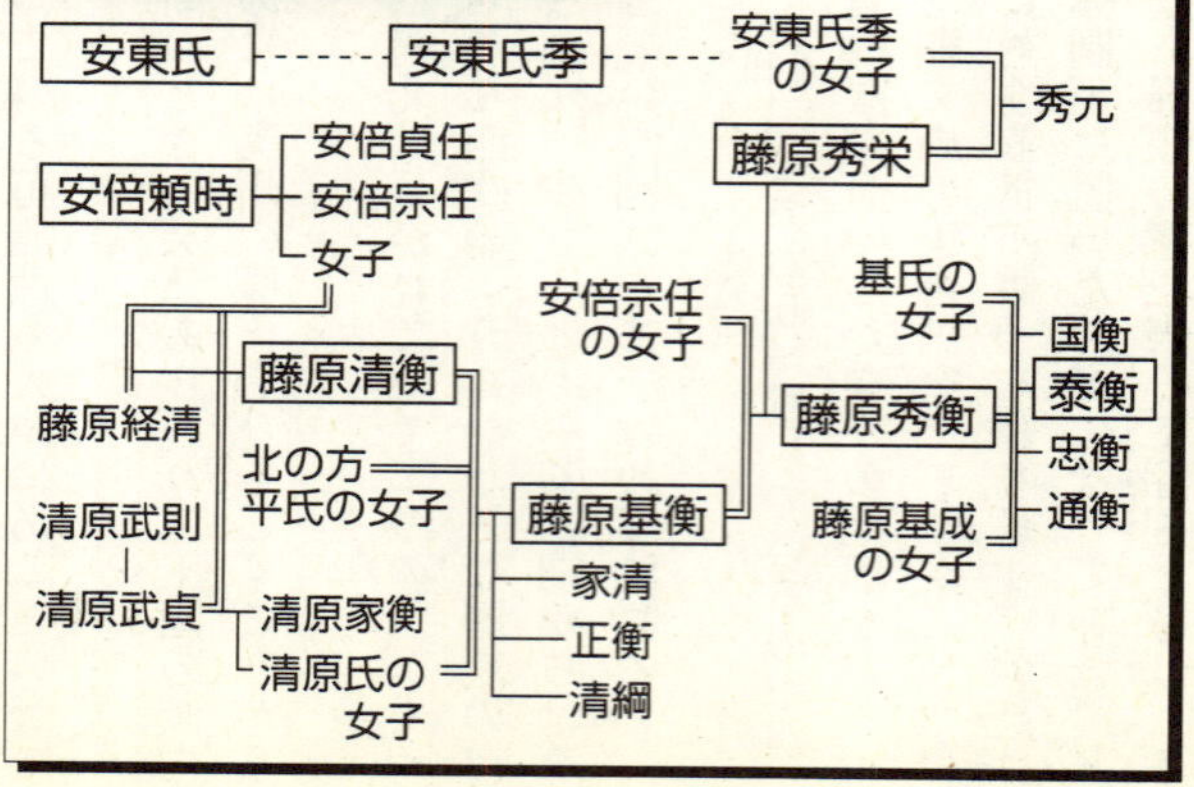

関係がより濃密なものになっていったことは間違いない。

奈良朝の七四九年、現在の宮城県下で砂金がとれることがわかり、朝廷は狂喜した。日本で黄金がとれたのははじめてであり、それまでは中国からの高価な輸入品だったことを考えればその喜びようが想像できる。

黄金の魅力にとりつかれた朝廷は、にわかに陸奥国への支配力強化に乗り出す。陸奥国の国府兼鎮守府が置かれていた多賀が、この時期を境にして「柵」から「城」へと格上げされ、兵力も大幅に増やされた事実が『続日本紀』などに記載されている。これに対する蝦夷の抵抗戦争が七七〇年代からはじまり、坂上田村麻呂の四回にわたる大遠征によって鎮圧されるまで三十数年間にわたって続いたのである。

しかし、田村麻呂の鎮圧は蝦夷を全面屈伏させたものではなく、いわば政治的な妥協によるものだったらしい。戦後も朝廷の陸奥国への支配力はさほど伸長せず、やがて俘囚の長である安倍氏が台頭して奥六郡の独立へと歴史は進んでいく。これに対する朝廷の圧迫が加えられ、さらに源氏の野望がからんで前九年の役へと発展していくのだが、とにかく奥州の民にとって自分たちの国で産出する黄金はまさに百害あって一利なしという代物だったといっていいだろう。彼らにとって黄金は何のメリットもなく、これさえなければこれほどひどい目にあわなくてもすむのに、という思いがあったのではないか。そう考えると、藤原氏と黄金のナゾを解明する糸口がみえてくるような気がするのである。

清衡による平泉黄金王国

この黄金のデメリットを一八〇度転換させてメリットとして活用する道を見出したのが清衡だった。

彼は前九年の役から派生した後三年の役を戦いぬき、奥州の支配権を手中に収めた。寛治元年(一〇八七)、清衡三十二歳のときのことだ。彼はその四年後に京都へ上っているが、このときに朝廷の実態や公家社会の構造、人びとがいかに黄金や馬など奥州の産物に強い憧れと欲求をいだいているか、などということについてじっくりと観察したのではないかと思われる。京都の人びとは蝦夷の末裔とみて清衡を小馬鹿にしたが、清衡のほうではどうすれば彼らを操れるかというノウハウをしっかりと身につけて帰郷したのだろう。

まもなく清衡は平泉の都の建設にとりかかる。そして、仏教文化を導入し、金色堂をはじめとするすばらしい堂塔伽藍を造営し、まさに一代で平泉王国の基礎を築きあげたのである。平泉はその後人口十数万に膨れあがり、当時の日本では京都に次ぐ大都市となっていく。わずか三十年余りの間にこれだけの国家建設を進められたのは、想像もつかないほどの黄金を消費できたからだった、としか考えられない。

その一端をしのばせる最大の遺物は何といっても金色堂である。わずか三三・五平方メートルの小さな阿弥陀堂でしかないのだが、皆金色の建築というだけではなく、それはまさに一大工芸美術品といっていい。その細部にわたる紹介は紙幅の関係で不可能だが、たとえば内部の装飾にふんだんに使われている螺鈿(らでん)細工一つとってみても、京都を中心とする仏教工芸の技術水準を上回っていたことが明らかになっている。

また、使われた夜光貝はインド洋方面の産であり、下地の素材として用いられた紫檀(したん)材も南洋諸島産の伽羅木(きゃらぼく)で、いずれも独自のルートで取り寄せたものと推定されている。そうした交易ルートの確立や工芸技術者の導入、養成といった面まで含めると、はたしてどれだけの資金が投入されたと算定すべきなのか。正確には誰にもわからないのだ。

金色堂ばかりではなく、後に侵攻してきた頼朝も驚嘆したという大長寿院は、中に高さ三丈（約九メートル）の阿弥陀如来像を納めた巨大建築物であり、一切経五千三百余巻を金字と銀字で交互に写経した清衡経と呼ばれるものは千人の僧が丸八年かかって完成させたと伝えられるもので、その財力の規模にはただあぜんとするばかりである。こうした大事業の推進が可能だったのは、文字通り湯水のごとくに黄金を使えたからだった。

このような豊富な財力にものいわせた仏教文化の導入は清衡の代に留まらず、二代基衡（もとひら）、三代秀衡（ひでひら）へと引き継がれていった。宋版一切経を十万五千両の黄金で購入した、という記録も残されている。当時の換算法をあてはめてみるとこれは黄金四トンという量になり、これを現代の金額に直せば数十億円になる、と換算しても、さほど驚かない向きが多いかもしれない。しかし、奈良時代には陸奥国で黄金がとれるとわかった朝廷が、原住民に対して成人男子四人当たり年に砂金一両の納税義務を負わせた、という事実と比較するとその膨大さがよくわかる。一切経の購入金額は、実に四十二万人分の年間の納税額に相当するのである。その当時、陸奥国にはこれだけの人口はなかったに違いない。

“隠し金鉱”をもっていた藤原氏

それでは、いったいこれだけ膨大な黄金を藤原氏はどこから手に入れたのだろうか。

奈良朝から平安朝にかけて、陸奥国に産する金は、砂金が主だった。今もなお岩手県南から宮城県北にかけての地方には、多くの砂金の採取跡や金山跡が残っている。確かに、これらの地域で多くの人民を使役して採取した黄金の量は膨大なものだっただろう。しかし、藤原氏が消費した量は、どうもそうした手段だけで確保されたものとは考えにくい。砂金の採取、金鉱石からの原始的な精錬という方法では、とても追いついたはずがないのである。

しかも注目すべきことがある。金色堂にミイラとして眠っている秀衡の遺体の傍には小石大（三十二グラム）の粒金が転がっていた。また、現在も発掘調査が続けられている柳ノ御所跡からも同じような粒金がみつかっている。川床などから採取される粒の細かな砂金とは形状の異なるものである。きわめて純度の高い、こうした粒金が比較的簡単な採掘で手に入ったとすれば、湯水のごとく消費しても不思議はない。もしかすると、藤原氏はこうした粒金の産出する〝隠し金鉱〟を所有していたのではないか。そう考えると、納得できる点が多いのだ。

それでは、この〝隠し金鉱〟は、いつ、誰によって発見されたのだろうか。清衡がみつけたのかもしれないが、それ以前に安倍氏の時代にみつかっていた可能性もある。安倍氏は十一世紀半ばの前九年の役で滅んだが、清衡は安倍氏の血を継ぐ立場にあった。清衡の母親は安倍氏の最後の棟梁だった貞任の妹にあたる。一族にとって最大の機密だったであろう金鉱のありかを伝授された可能性も大いにあると思われる。

安倍氏にとって金鉱のありかが最大の機密だったのは、決して黄金を独り占めしようということからだったのではない。先述したように、安倍氏の時代までは奥州で産出する黄金（主に砂金）は、原住民にとっては忌まわしいもの以外の何ものでもなかった。こんなものがとれるために、朝廷軍が押し寄せ、強制労働に駆り出されるのだという思いがきわめて強かったはずなのだ。

そもそも朝廷が黄金を求めたのは、奈良の東大寺に造った大仏に金箔を施すためだった。その後、中国との交易が盛んになってさまざまな文物が輸入されるようになると、その代価として黄金が最も喜ばれることがわかった。新文化の導入に血眼になっていた朝廷が、奥州の黄金を少しでも多く手に入れようと躍起になっていたのはそのためだ。

だから、もし安倍氏が高純度の金鉱をみつけたとしても、そのことが朝廷側に漏れないように最大の機密保持対策が講じられたのは間違いない。朝廷側に知れれば、たちまち目の色を変えた軍勢が押し寄せ、自分たちの土地が蹂躙されるのは火をみるよりも明らかだったからだ。その一方で、彼ら蝦夷の社会にはまだ仏教文化も入っておらず、中国との交易もなく、いわば黄金の使い道などなかったのである。

その〝忌まわしい黄金〟の活用の道をみつけたのが清衡だった。奥州の支配権を手にした直後に京都を視察した彼は、まず徹底した賄賂（わいろ）攻勢で朝廷側を懐柔していった。奥州侵攻に野望を燃やす源氏が疲弊して力を失っていたタイミングも幸いしたようだが、とにかく彼らが欲しがっているものを惜しみなく与えることによって、侵略欲、征服欲を削ぐという高度な戦略を用いたことが清衡の勝利の第一歩だったような気がする。

そして、その次には、朝廷と中国との関係、つまり黄金を代価として新文化を導入するという関係を、奥州と朝廷とに置き換えていった。仏教文化をとり入れ、工芸技術者を呼び寄せ、財力にものをいわせての建国事業が超スピードで進められていった。

さらに第三段階として、清衡は朝廷と中国との関係をそっくり模倣し、奥州と中国との独自の交易関係へと発展させていったのである。清衡の非凡さの真骨頂はこの第三段階にあるといえよう。中国大陸との直接交易の促進により、平泉は飛躍的な発展を遂げたものと思われる。金色堂の造営が可能だったのもそのためであろう。

その交易拠点となったのはおそらく津軽の十三湊（とさみなと）だったと推定されているのだが、鎌倉時代に大津波に襲われて消滅してしまったこの港の繁栄の痕跡（こんせき）はまったく残っていない。

秀衡は北方の王者と呼ばれ、その偉大さが讃（たた）えられているが、平泉王国の基礎をしっかりと築いた清衡のほうがさらにスケールの大きな人物だったような気がする。後三年の役の勝利によってはからずも奥州の支配権を手にしたという幸運もあったが、それからの後半生の活躍ぶりはめざましいものがある。デメリットをメリットに変える発想の転換、自分を侮（あなど）る者たちを懐柔し、意のままに操っていく小気味よさ、まったく新しい未知の文化を急速に吸収していく柔軟さ。そのどれをとっても巨人の名にふさわしい。

忠衡とともに消えた黄金の秘密

この清衡から二代・基衡、さらに三代・秀衡へと引き継がれた〝隠し金鉱〟の秘密は、その後どうなったのか。秀衡の亡き跡を継いだのは泰衡（やすひら）だが、はたして彼にその秘密が伝えられたのだろうか。これが藤原氏の黄金のナゾを解く最大のカギなのだが、もしかするとその秘密は嫡男の泰衡ではなく、弟の忠衡（ただひら）に伝えられた可能性がある。

秀衡は文治三年に亡くなったが、そのさい、跡目は泰衡に譲るが、義経を大将軍として兄弟力を合わせてもり立て、頼朝に対抗するように遺言した、と伝えられている。泰衡には異母兄の国衡もおり、弟たちも多かったが、兄弟仲はよくなかったという。泰衡自身が凡才だったという説もあり、秀衡にしてみれば、鎌倉の圧力の強まる中で死ぬに死ねない思いだったのだろう。忠衡は兄泰衡とは違って聡明(そうめい)な人物だったと伝えられており、そうしたことを考え合わせると、秀衡は、軍・政・財の三権をそれぞれ義経・泰衡、そして忠衡へと分割して譲渡することによって、兄弟間の結束を強めようと目論んだのではないか、ということも想像されるのである。

この忠衡は、平泉王国の末期に不思議な消えかたをしている。

文治五年の閏(うるう)四月末日、鎌倉の圧力に抗しきれなくなった泰衡は義経の館を襲撃し、義経はみずから館に火をかけ、自害して果てたとされている。そして、それから少し後になって、泰衡は今度は忠衡をも討ったという。義経に心服していた忠衡と泰衡との反目が表面化した結果の兄弟間のいさかいだった、とする見方が一般的で、討たれた忠衡の首は、ミイラとなって金色堂に眠る父秀衡の柩(ひつぎ)にそっと納められたと伝えられてきた。暗愚な兄泰衡に対して忠衡は人気があり、誰もその言い伝えを信じて疑わなかったのである。

ところが、昭和二十五年の学術調査のさい、この頭蓋骨は実は泰衡のものだったとはじめて判明した。こうなると、すべての言い伝えが根底から疑わしくなってくる。彼らの兄弟仲は本当はよかったのではないか。泰衡は忠衡と力を合わせて平泉を守ろうとしたのではないか。だからこそ、滅んだ後もその首を秀衡の柩に納められるほど、人びとに慕われていたのではないか。

そう考えたほうが辻褄が合うような気がするのだが、それでは肝心の忠衡はどこへ消えたのか。もしかすると、泰衡が討ったというのもウソではないのか、と疑惑は募るばかりだ。頼朝の侵攻がもはや必至と覚った泰衡が、討ったということにして〝隠し金鉱〟の場所を知っている忠衡をどこかへ逃がしたのではなかったか。

そうだとすれば、藤原氏の黄金の秘密は忠衡とともに永遠に消えたことになる。しかし、もしかすると忠衡はその場所を何らかの形で後世に残しているかもしれないのだ。

◆

Truth of the hidden history

近世篇

裏切りを奨励する書物。光秀の謀叛を世の中が待望していた。されど信長は生きている……。

Truth of the hidden history

光秀謀叛を歓迎した世論

古川愛哲

世論も味方した悪王退治

「戦国時代」とて世論はあった。「落書（らくしょ）」あるいは「噂（うわさ）」「宗教的な奇現象」「騒動」などがそれである。これはなかなかあなどりがたい存在で、権力の争奪を競う大名たちに陰に陽に圧力をかけた。そうした世論は「裏切り」にどのような反応をしたのだろうか。

戦国時代最大の裏切り事件「本能寺の変」をみるまえに、少し時代がさかのぼるが乱世を決定的に印象づけた将軍足利義教（よしのり）の暗殺の例をみてみよう——。

足利義教が六代将軍の座に就いたのは永享元年（一四二九）である。四代将軍義持の一子義量が早世したため、義持の兄弟のなかからクジ引きをして将軍を選ぶことになり、クジに当たったのが義教だった。世に「クジ引き将軍」で知られる。

義教は当初、綱紀を粛正し、将軍の権威を高めて「英武の将」と世論は称賛したが、やがて異常なほど将軍の権威をふりまわしはじめた。

義教が参内したとき、公家の東坊城益長がなにげなく笑ったことがあって、それを聞きとがめると、早々に所領没収ならびに籠居に処した。神経質でヒステリックな性格である。

むろん相手が女でも容赦はしない。侍女の態度が悪いと、殴りつけ、馬乗りになって責め、泣いてあやまるのを、髪を切って尼にした。

料理人は料理がまずいという理由で斬首された。それも一度ではない。

そうした暴政が外にもれるや、義教は将軍の噂をすることを厳禁した。京都の市中で、義教の噂話をしていた商人は、捕らえられて首をハネられたほどだ。

「万人恐怖す、言ふなかれ言ふなかれ」

と伏見宮貞成親王は日記に記している。義教は幕府の有力大名の家督にまで介入をし、改易、所領没収があいついだ。史上稀にみる専制権力者で、これを称して世の人びとは「悪御所」と呼んだ。

幕府重臣の宿老赤松満祐も、ついに義教に睨まれて、両者のあいだにも冷たい空気がただよいはじめた。

そんななかで、永亨十二年（一四三七）五月、幕府の重臣一色義貫と土岐持頼が相次いで大和出陣中、義教に暗殺されると、たちまち、

「次は赤松討たれるべし」

という流言が飛んだ。赤松が狙われているという噂は世上に充満し、それを聞いた赤松満祐は鬱々として楽しめなくなった。赤松家の老臣たちは、主人満祐を「狂乱」ということにして隠居させたが、「赤松が討たれるぞ」という噂は暗黙のうちにこの幕府の宿老に大きな世論の圧力となったのである。

翌嘉吉元年（一四四一）六月二十四日、将軍義教は赤松邸の宴に招かれた。

——庭に鴨の子が生まれました、ぜひご覧を、

という理由だった。

赤松邸の宴では山海の珍味が出て、観世の能、そして酒。そのとき満祐の家臣が乱入し、宴の席を血に染めて義教の首をハネた。

この事件を当時、公家の西園寺公名は、

「奇（希）代・不思議の勝事、先代未聞の事なり」

と驚愕（きょうがく）とも喜びとも解釈できる言葉を日記に記し、伏見宮貞成親王も、

「所詮（しょせん）、赤松討たれるべきの御企（くわだて）露顕の間、遮（さえぎ）って討ち申すと云々。自業自得、力なき事か」

と記した。どちらも赤松の主君暗殺という裏切りを非難してはいない。

京都の世論にいたっては露骨である。当時の落首に言う。

「御所様の煙とならせ給ふこと　只（ただ）赤松をふす（燻）べしがゆゑ」

赤松満祐を「悪御所」を誅殺した英雄としてもてはやした。当時、口コミで世間に次のような噂が流布した。

――将軍暗殺後、所領の播磨に向かった満祐一行が石清水（いわしみず）八幡宮の社頭で占いをしたら、無事に帰国できるという嘉瑞（かずい）があって、その通りになった。

石清水八幡宮は、かつて義教がクジを引いて将軍になった源氏の守護神である。しかも八幡宮の神官に次のような託宣も下ったと噂された。八幡宮が宣（のたま）うには、

「今度の事は（八幡）大菩薩の所業なり。赤松の沙汰（さた）にあらず」

赤松満祐は主君を裏切ったのではなく、暴政を止めるために八幡神に代わって誅殺（ちゅうさつ）したにすぎない、といわんばかりである。

この事件の全貌を詳細に検討した今谷明氏の『土民嗷々』によれば、赤松満祐の謀叛は、

「『次は赤松討たれるべし』という京童の大合唱の中で、満祐は追い込まれていたのである」

と書く。当時、世論は悪性の主君には、家臣の裏切りを迫り、その結果を支持することさえあった。その世論は、落書あるいは奇怪な神事や託宣という宗教的な形で姿をあらわす。何よりも三カ月後から頻発した一揆が、その世論を行動で表現していた。

そしてこの事件は将軍の弱体ぶりを露呈して、やがて応仁の乱をへて戦国時代へと突入させることになる。

それから四十一年後、季節も同じ六月に戦国最大の裏切り「本能寺の変」は起きた。

主君に忠誠心などもたぬ人々

天正九年(一五八一)、織田信長に謁見したイエズス会宣教師ヴァリニャーノは、『日本要録』なる記録を残した。そのなかで戦国時代の日本を様相を、

「血族や味方同士のあいだで数多くの殺戮と裏切りがくりかえされる……」

と嘆息してから、当時の日本人の「世論」について貴重な証言をしている。それは日本人の欠点について論じた箇所で、次のように記す。

「この国民の第二の悪は、その主君にたいしてほとんど忠誠心を欠いている点である。人々は主君の敵と結び、都合のよいときに主君にたいして謀叛をおこし、みずから主君となる。さらには反転してふたたび味方となり、また新たな事態に応じて謀叛する」

戦国時代は「裏切り」が日常茶飯事のように起きて、もはや世論が糾弾するような対象ではなかった。

『老人雑話』が伝える次の言葉がある。

「仏のうそを方便と云ひ、武士のうそを武略と云ふ……」

これは明智光秀の言葉と伝えられるが、光秀ならずとも戦国大名には常識のようなものだったろう。

世論が重視したのは、その「裏切り」の目的と内容、それがもたらす社会への影響である。

たとえば、単に命惜しさに主君を裏切るという者には、世論は手厳しい批判をした。その一例が桂田長俊（かつらだながとし）が殺されたときである。

桂田はもともと越前朝倉氏の重臣だったが、織田信長と対陣したとき、白昼堂々親子ともども信長陣に駆け入って降伏した。そして信長の越前朝倉攻めには道案内をし、あまつさえ先陣を務め、戦後、その功で朝倉館と越前守護を賜った。裏切りによって出世した男である。やがて桂田は、同輩の富田弥六に裏切られて、一揆に攻められて死んだが、このときに出た落書は、

「ウヘ（上）モナクノボリノボリテ半天ノ、満ツレバカクル月ノ桂田」

と手厳しい。命惜しさ、卑怯（ひきょう）未練の裏切り者は世論も冷笑した。

さて戦国最大の裏切り事件、明智光秀の「本能寺の変」である。いうまでもなく後世の評判はきわめて悪い。「三日天下」なる言葉まで生まれたが、この裏切りと世論はどのような関係にあったのか。

「本能寺の変」の本当の評判

天正十年（一五八二）六月二日未明。織田信長の宿る京都四条の本能寺を、明智光秀の軍勢一万三千が包囲した。

卯（う）の刻（午前六時）、明智勢は桔梗（ききょう）の旗をなびかせて本能寺へなだれ込んだ。森蘭（らん）

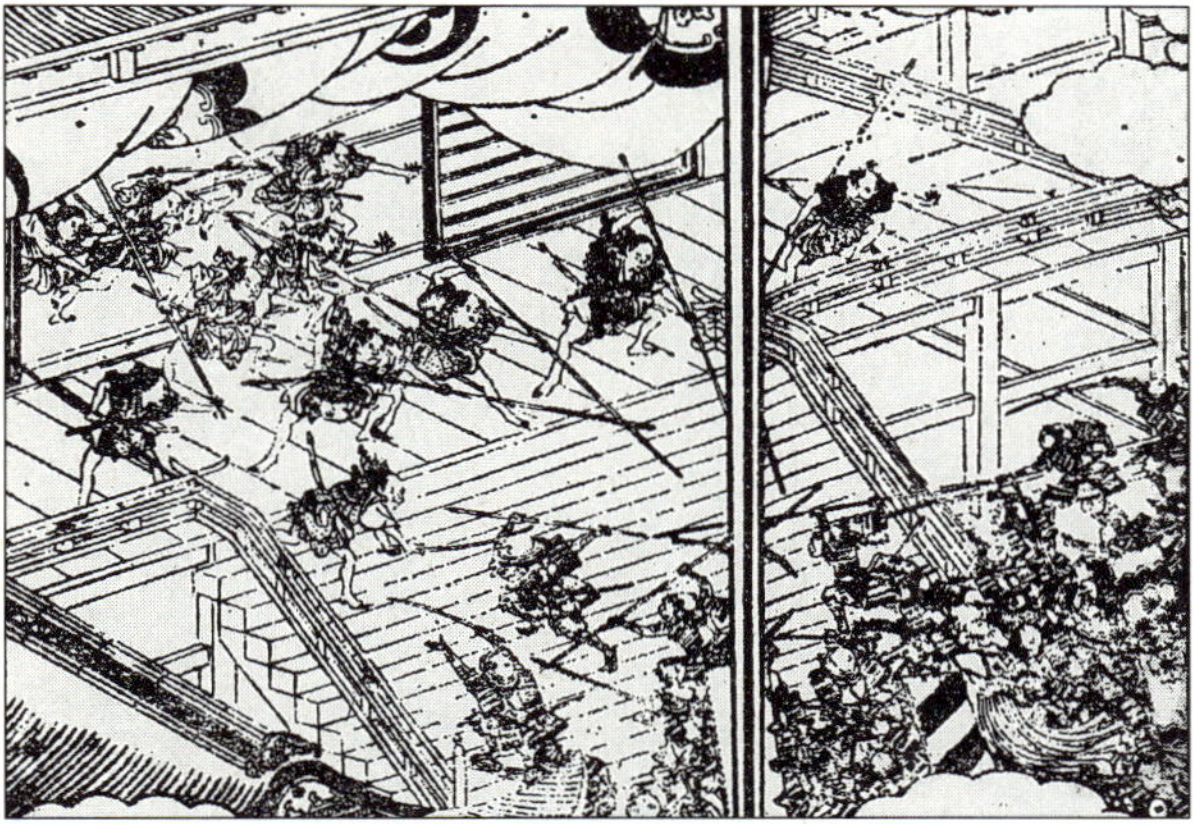

▲本能寺の変（『絵本太閤記』より）

丸以下、信長側の手兵七、八十人が防戦したが、衆寡敵せず。信長は殿舎に火をかけ、切腹した。まだ夜も明けぬ早朝の出来事である。

ついで明智光秀勢は、信長の嫡子信忠、京都所司代村井貞勝とその手兵五百をも討ちとると、午後二時には出洛し、近江大津へと向かった。

世上の反応はどうだったのか――。

堺で家康を接待していた茶人津田宗及は日記に、

「上様（信長）御しょうがい（生害）候。惟任日向守（明智光秀）、本能寺において御腹をきらせ申候……」（『津田宗及茶湯日記』）

と冷静に記す。茶の達人だけに事の事

実だけを厳粛に記しているが、それだけに事態が容易ならぬことが想像できる。

これが政治の中心、京都の公家となると少々違う。権中納言山科言経卿の『言経卿記』は、事件当時の六月二日の条に――、

「本能寺へ明智日向守謀叛により押し寄せらる。前右府（信長）打死（討死）」

と、その日の顚末を記して、

「言語道断の体なり。京洛中騒動……」

と、その衝撃の大きさを記している。その翌日の三日の条では、

「一、洛中騒動斜めならず
一、禁中を廻った、今夜番（御所警戒の夜番）弥二郎を差し出す」

京都市内は大騒動していたことがわかる。さらに四日の条では、

「一、禁中徘徊しおわんぬ。
一、洛中騒動斜めならず」

と記して、

「一、＝＝＝＝＝」

と、あとの五行が抹殺されて、空白になっている。せっかく宮廷を歩きまわったのに、「洛中騒動斜めならず」以下にどんな感想あるいは情報が記してあったのか今

では不明である。

しかも、翌五日から十二日まで八日分は欠落している。引きちぎられていたといわれる。いったい何があったのか。消えた八日間こそ、光秀の裏切りをめぐって、世論が形成された時期なのである。

光秀を歓迎していた世論

その間の動きについては、京都吉田山の吉田神道の神職兼見(かねみ)卿の『兼見卿記』が記録している。それを彼の行動を通じて書くと――。

七日、勅使として安土城で明智光秀に会見して、天皇から下賜品を渡し、「京都の治安について万全を期すように」という天皇の内意を告げた。光秀は「かたじけなし」と受けた。

翌、八日に光秀は安土を出発して、入洛した。京都では摂家・清華(せいが)家という公家の重要メンバーが全員出迎えに出た。どうみても裏切り者、謀叛人のあつかいではない。

光秀は朝廷に金五百枚を献上し、京都五山と大徳寺へ各百枚、さらに安土に下向してきて天皇の内意を伝えた吉田兼見卿にも五十枚与えた。

京都市民に対しては地子（地租）を免除したので、市民は大歓迎したという。

「人を利する者は必ず天より福をうける。大賊は必ず禍を受ける」

と信長の焼き討ちを受けた比叡山が喜び、「法敵が滅ぼされた」と本願寺門徒も合掌した。

事件発生からまもなくの光秀への世論は、嘉吉元年（一四四一）に「悪御所」を弑逆した赤松満祐への世論と通じるものがある。

しかし、具体的に光秀を称賛した世論の記録が不思議なことに存在しない。文字による記録はないが、まちがいなく京都の世論は、光秀の謀叛を歓迎した。岡谷繁実の『名将言行録』は次のような京都の伝承を記す。

「（光秀）京都の地子銭を免し、仕置を正しくせり、光秀滅びて後、七月盆中、戸毎に燈を点じて、光秀の冥福を祈りしとぞ。非義の義と雖も、その人心を得ることかくの如し」

京都市民が毎年供養するほど、世論の支持があったのである。それだけではない。丹波亀岡。この地は光秀の居城だった亀山城があったが、ここで「ごりょうさん」と地元から親しまれている御霊社がある。祭神は、

「宇賀御御霊大神」

だが、配祀して、

「日向守光秀の神霊」

とある。光秀は神として祀られているのである。文字の史料は何も当時の光秀に対する世論を残してはいないが、伝承は明らかに「光秀謀叛」を歓迎したことを後世に伝えている。

秀吉による「明智謀叛人」の世論作り

ところで、なぜ光秀に対する世論は落書などの形で残らなかったのだろうか。

天正十年（一五八二）六月十三日、光秀は秀吉麾下の大軍と京都郊外山崎の地で合戦して敗れた。敗走途中に農民に討たれた光秀の首は、胴体とつないで京都にさらされた。本能寺の変からわずか二週間にみたない天下だった。『豊鏡』は次のような落首を伝える。

「主の首よりはやき討ち死には、これたうばつ（討伐）のあたり成けり」

秀吉の光秀討伐の現実は酸鼻するものがあった。宣教師フロイスの『日本史』は、光秀派の残党狩りの凄惨な光景を伝えている。

「一部の司祭は信長が殺された場所（本能寺）を通ったが、人々が縄に吊り下げた供養のための三十以上の首を、まるで羊か犬の首を運搬するように、なんの感情も表わさずに持ち歩いているのに出会った」

京都四条本能寺の焼け跡には、二千を超える越首が山積みにされたという。六月は現行暦で七月である。秀吉による盛大な葬儀まで、本能寺には腐敗にまかせた首級が悪臭を放ったにちがいない。

これを眼前にした京都市民や公家が沈黙してしまったのは想像がつく。無言のうちに秀吉は「裏切り者明智光秀」への支持を圧殺しようとしたのである。

それは当時の公家の日記の異常さからうかがうことができる。これらの日記を東京大学史料編纂所で調べたことのある故・八切止夫氏によれば、権中納言山科言経卿は『言経卿記』の一部を消除し、光秀天下の期間の八日間の記事を空白にし、光秀に好意的だった吉田兼見にいたっては、『兼見卿記』を書き直し、現在伝えられているのはその書き直した方だという。

秀吉は、「明智光秀謀叛の退治」で世論を統制し、天下人へとばく進した（八切止夫『八切日本史①番町書房』）。それを物語るのが、秀吉の命で執筆されたらしいおびただしい量の信長や秀吉の伝記である。

秀吉は家臣の太田牛一（ぎゅういち）に『信長公記』を書かせ、お伽衆（とぎしゅう）の大村由己（ゆうこ）に『天正記』

▲明智光秀の墓（西教寺）

を書かせた。今日、信長や秀吉の伝記として読まれているが、いずれも秀吉が光秀を滅ぼして、天下人になったことを正統化する書で、諸大名に読ませて、世論の統一をはかったものである。

動員したメディアは書物だけではない。『武野燭談』は次のように書く。

「太閤は、内裏（皇居）にて度々能をしたまう。その頃『明智討ち』『高野詣』という謡を作りたまう」

明智光秀を滅ぼした謡曲を作り、これを天皇の前で、あるいは徳川家康、前田利家とともに楽しんだ。メディア・ミックスによる「明智謀叛人」の世論作りである。

天正十五年、秀吉は壮大な豪邸「聚楽第」を完成させて、ここに暮らしたが、あるとき何者かが門の扉に一片の落首を貼った。

「奢るものは久しからず」

これを知った秀吉は、みずから筆をとって次のように書いて貼らせた。

「奢らずとても久しからず」

秀吉の剽軽さと機智を語る有名な逸話だが、この後の事態はあまり知られていない。『理斎随筆』によれば、秀吉は落首を書いた犯人を徹底的に探させたが、ついに検挙できなかった。その腹いせに聚楽第の門番の過失をとがめて、番衆十七人の鼻を削ぎ、翌日は耳を切り、さらに逆さ磔の刑に処した。

落首という伝統的な世論のメディアも圧殺して、民衆の世論まで力でコントロールした最初の戦国大名が豊臣秀吉である。だからこそ戦国の乱世を統一した天下人の座に就くことができたともいえる。

やがて次の徳川の時代に「裏切りは絶対的な悪」という思想が浸透してゆくのである。

裏切り者と世論の関係をみてきたが、明智光秀の裏切りが、なぜ洛中の世論に支持されたのに、それを豊臣秀吉は圧殺して、それをまた徳川家康も引き継いだのか。この謎を探ると信長暗殺の真相に迫ることができるのだが、本稿の範囲を越える。別の機会に譲ることにしよう。結論めいたことを言えば、天下統一期とは裏切りへの世論をも統一してしまうことだった。◆

Truth of the hidden history

死ななかった信長

小林久三

消えてしまった遺体

本能寺の変には、二つの重大な大きな謎がからみついている。一つは信長の遺体が発見されなかった謎、もう一つは、明智光秀を背後で操っていた人物は、だれだったのかという謎である。

本能寺の襲撃が成功したとき、光秀は信長の遺体を徹底的に探すように命じた。にもかかわらず、遺体はどこにもなかった。

信長の遺体は、煙のように消え失せたのだが、これは奇怪なことだといわなければならない。

光秀は、織田軍と一戦を交えようとして、本能寺を奇襲したのではない。信長の首を取ることが目的だった。信長の首を取り、その首を天下に晒すことによって、その目的を達成することができる。光秀が、信長の遺体を探し出すことに執着したのは、当然だろう。

本能寺は、大きな寺ではない。

東西約百四十メートル、南北約二百七十メートル、二町四方の地域にある寺である。奇襲をうけたとき、信長とともに寺に泊まった近習の者は百人程度。

その寺を、一万三千人の明智軍団が取り巻いたのだ。少なくとも軍団の大半は、寺の周辺を十重二十重に包囲したことは、間違いない。

奇襲攻撃がはじまったのが、六月二日の明け六つ頃(午前四時過ぎ)。兵力の備えのまったくなかった本能寺は、たちまち焼け落ちたというが、夜明けに大軍によって不意討ちされたのだ。防禦の術もないまま、ひとたまりもなく灰塵に帰し、戦闘は短時間のうちに終わった。

このとき、信長はどう動いたか。

『信長公記』によると、信長は森蘭丸の知らせで、みずから弓をとって広縁に出て応戦し、弓の弦が切れると、十文字の鎌槍をもって戦い、肘に傷を負った。その後、御殿のなかに退き、そばに付き添っていた女たちを退けると、納戸の口を固く閉ざして、切腹したという。信長四十九歳。

ところが、光秀はくまなく焼け跡を調べ、信長の遺体を探させたが、発見はできなかった。

『信長公記』では、奥の間でひとりで切腹したと記述しているのだ。この記述が正しいとすれば、信長の遺体は造作なく見つかっているはずだ。

信長の遺体は、なぜ消えたのか。

この謎は、江戸時代から関心をよんでいるらしく、たとえば平田篤胤などと親交のあった小倉藩の国学者の西田直養は、『笹舎漫筆』のなかで、小倉藩の須田孫右衛門という老人が、同じ藩の野口三郎兵衛という人からきいた話として、次のような説を紹介している。

小倉藩にかつて、津田市三郎という知行二百石の藩士がいた。市三郎の祖母は、織田家の親族で、祖母は本能寺の変のとき、女中として本能寺に信長とともに泊まっていた。

奥の間で、信長が血を流しているのを見て、駆けよろうとしたが、女がそのような場所にいくものではないと部屋から押し出された。

台所にもどったが、中間が信長を肩に背負って裏門から出ていった姿を目撃した。

ちなみに、織田氏のルーツは、近江国津田郷で、初代の親真は越前国丹生郡織田荘の織田剣神社の神官の養嗣子となってから織田姓となった。織田姓となる前は、津田姓だった。

中間が、血を流している信長を肩にかついで裏門から脱出した。この説の最大の難点は、厳重に包囲された本能寺の裏口から、無事脱出できるかどうかということであろう。いかに混乱していたといえ、明智軍が、裏口から血を流した男を肩にかついで出てきた男を見逃すはずがない。

そうだとすれば、どういう方法なら、脱出が可能か。

一つ手がかりがある。

本能寺は、法華宗の寺であるが、四方に堀があり、土塁が張りめぐらされていたうえに、出入口には木戸が設けられていた。しかも寺内には、仏殿だけではなく、客殿から厩舎まで備えられている。

それればかりか、寺内は火薬と鉄砲が常備されていた。本能寺の貫主・日承上人は、天文法華の乱のとき、難を避けて五年間も種子島に滞在した。そのときに種子島銃と火薬のルートを築き、以後、本能寺は京都における鉄砲と火薬の流入基地になっていた。事実、本能寺の変直後に行なわれた山崎合戦では、本能寺は豊臣秀吉に五斤（三キロ）の火薬を送っている。

本能寺は寺というよりは、一種の城砦であって、信長が上洛の際の宿舎に本能寺を選んだのも、その安全性を信頼していたからにちがいない。

城砦だとすれば、万一に備えて、脱出路がつくられていたとみていいだろう。宿泊客は、天下に号令をかける男なのだ。非常の際の脱出路、つまり地下トンネルが設けられていたとみて、まずまちがいあるまい。そうでなければ、天皇、公卿、足利義昭など、文字どおり敵だらけの京都にあって、枕を高くして眠ることができないではないか。

推理小説では、だれも知らない地下に抜け穴があるというトリックは、アンフェアとされ、禁じ手になっている。けれども、本能寺には、抜け穴があり、信長がそれを利用して脱出したと考えるのが、最も合理的だろう。

もう一度、くり返す。

『信長公記』だけでなく、ルイス・フロイスの『日本史』でも信長の遺体は見つからなかったと記している。

そのため光秀は、信長がどこかに生きていると考え、パニック状態になったといわれる。また、〝中国大返し〟を行なった秀吉も、本能寺をくまなく調べたが、ついに信長の遺体は発見できなかった。

『信長公記』『日本史』ともに、奥の部屋に入り、戸を閉めて切腹したとしているが、その間、明智軍はなにをしていたのだろうか。

本能寺に攻めこんだ明智軍のなかには、信長暗殺のため特殊精鋭部隊が編成されていたはずで、彼らは終始、信長の動きだけを追っていたにちがいない。彼らは、奥の間に閉じこもった信長の後を追い、戸を蹴破って部屋になだれこみ、最低限、切腹した信長の遺体を確認できただろう。

やはり、奥の間から、信長の姿が、にわかに消え、明智軍は信長の行方を見失ったとしか考えられないが、問題は本能寺を脱出した後の行動である。信長は、どこへ逃げたのか。

はるか薩摩へいざないし者

薩摩に剣神社がある。

現在の国分市薩根麓にある神社で、江戸期の延宝元年（一六七三）にいまの場所に移ったといわれる。国分市に隣接した隼人町には、古くから小田という地名があり、戦国時代、島津義久が国分経略に成功すると、この地を樺山氏所領であると認め、安堵しているが、剣神社は、おそらくこの地にあったと見ていい。

織田の本来は、小田であり、薩摩の剣神社もまた小田荘であったのであろう。剣神社の祭神は天児屋拝命。金属の神で、剣大明神ともいった。鉄製の剣は、古代では最強の武器であったことから、鉄剣には勝利をもたらす神が宿っているという信仰が生まれ、剣神社が生まれた。

織田氏初代の親真は、近江国津田郷出身で、越前織田荘の剣神社の神官の養子となったということは、すでに紹介したが、興味深いことに、七世紀には大和王権に服属した証として、薩摩隼人が大量に大和・河内から近江・丹波などへ移住した事実があることである。

剣神社の神官は、鉄や金銀などを生み出す渡来系氏族であり、そのことは、剣神社の発祥が霧島の韓国宇豆峯神社を勧請したことにあるということからはっきりしている。

一方、薩摩を支配した島津氏のルーツは、渡来系氏族の秦氏である。秦氏というのは、古代に鉄、金銀の採掘、養蚕絹織物、土木灌漑工事などに、非常にすぐれた技術をもつハイテク集団であった。自分たちのルーツを、秦の始皇帝だと称したが、薩摩の韓国宇豆峯神社は、秦氏との関係が非常に深い神社である。

そういう意味からすると、信長と島津氏は、同じ秦氏をルーツにした同族であった可能性が高い。

本能寺の変の前後、島津氏の当主は義久で、大隅・日向を平定し、肥後に手を伸ばすなどして大友宗麟とも争っていた。

信長は、島津氏と大友氏の対立を見過ごすことができずに天正九年（一五八一）正月、前関白近衛前久の書とともに両氏に和睦をすすめる勧告状を出している。戦いは、島津氏に有利に進んでいたので、義久は、当初、和睦を拒んだいたが、信長が甲斐の武田氏を滅亡させたことから渋々、大友氏との和睦に動き出した。

このことから、島津氏は信長に反発し、嫌悪感をもっていたといわれるけれど、実際にはどうだったか。大友氏との和睦をすすめる信長の書状の扱いをめぐって、島津氏が信長を強く意識していたのは事実で、それとともに剣神社という共通項で信長も自分たちと同じ秦氏系であることを知って、親近感をもっていたかもしれない。

戦国時代から江戸期にかけての島津氏の動向は複雑で、一筋縄ではいかない。本能寺の変から約二十年後の関ヶ原の戦い。このときの島津氏は、奇怪きわまりない動きを示した。島津氏は、西軍に参加したが、参加したのはわずか千人。〝義理参戦〟といわれ、戦闘の最中にも、まったく動かず、西軍の敗北が明らかになったとたんに、敵中突破という前代未聞の行動に出て、リーダーの島津義弘は堺から船で命からがら薩摩へ逃げもどった。

その一方で西軍の副総帥の宇喜多秀家（うきたひでいえ）を薩摩に逃がし、二年間も薩摩にかくまっていた。そのうわさが京都に流れ、家康の耳に入るまでかくまいつづけ、秀家を家康のもとに差し出した後も、島津氏は執拗に秀家の助命嘆願を行ないつづけた。

島津氏は、なぜ宇喜多秀家を薩摩にかくまったのか、理由ははっきりしないが、宇喜多家は、もともと備前の大名浦上家に仕えていたが、浦上家を乗っ取り、戦国大名にのしあがった。宇喜多家のルーツを探っていくと、備前児島の熊野修験（しゅげん）と深い関係をもち、南北朝時代は薩摩と密接にかかわっていた。

この関係は無視できないが、さらに興味深いのは、大坂城落城後、豊臣秀頼が薩摩に亡命して、無事一生を送ったという説があることである。

島津の家臣の伊集院半兵衛が、小舟で大坂城京橋口から忍びこんで秀頼を乗せ、河口に下って本船まで運び、本船で薩摩に亡命させたというのだ。実際に、薩摩の谷山には、秀頼の墓と称するものがあるが、谷山の裏山は伊集院である。伊集院は、薩摩の伊賀・甲賀ともいうべき場所で、忍者の変型の虚無僧（こむそう）の集結地であった。秀頼を救出したという伊集院半兵衛も、忍びの一員だったと考えていい。

島津氏は、しかし、豊臣家をかばう理由は一つもなかった。逆に秀吉は、天正十五年に島津氏を征討し、九州一円支配という島津氏の野望を砕いているのだ。そればかりか、文禄・慶長の役で、島津は大量の軍団を朝鮮半島に出兵させるという、屈辱を強いられている。

にもかかわらず、島津氏は、秀吉の養子となった宇喜多秀家をかくまったばかりか、秀頼をも亡命させている。秀頼の薩摩亡命説には疑問があるが、大坂城落城当時から、その説が流布していたこと自体、島津氏の動きには不可解なところが多かったことを物語っているといえるだろう。

さいはての地に眠る魔王

本能寺の変の直後には、薩摩には奇妙なことが起こっている。当時の島津氏の動きは重臣の上井覚兼（うわいかくけん）が残した、いわゆる『上井覚兼日記』によって、ことこまかに

▲本能寺趾（現在の本能寺は二条にある）

わかるのだが、本能寺の変が起こった六月二日前後から十一月三日までの記述が完全に欠落しているのだ。
日記は、十一月四日から再開されているけれども、なぜ本能寺の変前後から十一月三日までの部分が、欠けているのか。
上井覚兼が、その間、病気だった様子はない。藩内部で、日記に書けないような事態が起こったとしか考えられないが、薩摩でそのような重大な事件が起こったという事実はない。
本能寺の変にからんで、薩摩になにか重大な事態が起こり、上井覚兼は、そのことを記述するのを遠慮したのではないか。島津藩上層部だけで極秘にしておかなければならないような事態。それは、たとえば信長が秘密裡に薩摩に運ばれてきて、領内に潜伏していたというような事態が起こったのではなかったか。

本能寺の変のとき、信長は負傷した。

負傷した信長は、みずから部屋に入り、付き添いの女たちを退けて一人になり、戸を固く閉ざした。その後、信長は火を放って姿を消す。敵味方、だれ一人として、信長の姿を見ていないのだが、おそらく信長の警固役として身近にいた忍びは、抜け穴を利用して、本能寺から脱出させたにちがいない。

脱出した信長は、どう動いたか。

安土城に落ちのびようとは考えなかっただろう。安土城は、すでに明智軍によって占拠され、京都から安土城へ向かう道々は、明智軍によって完全に封鎖されているにちがいない。安土城に向かうのは、危険きわまりない。

堺に逃げ、堺から船で薩摩に落ちのび、負傷を治した後、再起を計る。信長と堺の関係は密接である。薩摩に落ちのびるための手はずを整えやすい。まして本能寺と種子島の結びつきは緊密であるうえ、鉄砲や火薬は堺に陸揚げされた後、本能寺に運ばれてくる。そのルートをたどれば、簡単に薩摩に落ちのびることは可能だろう。

実際に関ヶ原合戦の折にも、島津義弘はいったん伊勢路に向かい、烏頭坂、牧田川をへて伊勢街道を西走した後、ひそかに堺から船に乗っている。

帰国後、義弘は桜島に蟄居したが、国境警備を厳重にして、家康軍の来攻に備えた。その一方で、謝罪外交に徹し、家康に詫びを入れるという二面作戦をとった。

謝罪外交は功を奏し、家康は島津氏の旧領を安堵するとともに、義久、義弘たちの助命嘆願を認めたばかりか、島津氏がこともあろうに薩摩の領国内にかくまっていた宇喜多秀家までを処刑せずに、八丈島へ遠島処分にした。

関ヶ原合戦終了後、家康は、豊臣方に加担した大名たちを、徹底的にきびしく処刑した。

ところが、西軍の副総帥の宇喜多秀家を処刑しなかったどころか、秀家をかくまった島津氏にもなんの処罰もしなかった。その島津氏には、豊臣秀頼が薩摩に落ちのびて、島津氏に保護されているといううわささえあったのである。

家康は、なぜ島津氏に対してだけ、甘い処分をしたのか。その理由を、島津義久の政治力にもとめる見方や、日本最南端に位置する薩摩の地理的条件による解釈が有力なようだ。けれども、家康は、そのような理由から、特定の相手に対して、手ぬるい処分をするような人物ではなかった。

▲服部半蔵

家を守るためには、自分の妻や長男さえも、死に追いやった。築山殿と信康の事件を見てもわかるように、家康は非情に徹して、天下を取った男なのだ。島津氏に手ぬるい処分をしたのは、家康側に、そうせざるをえない政治的配慮が働いたとしか考えられないが、その配慮は本能寺の変にからむ秘密だったのではないか。

本能寺の変の謎は、消えた信長の遺体とともに、光秀の黒幕がだれかということは冒頭で指摘したが、本能寺の変の約九カ月前にこの人物を特定できる事件――天正伊賀の乱が起こっている。信長は伊賀を徹底的に殲滅することを命じ、四万五千の織田軍団が、九里（三十六キロメートル）四方という狭い伊賀を包囲した。

文字どおり、草木一本残さずに焼きつくし、伊賀は廃墟と化した。だが、伊賀の忍びの棟梁の百地・藤井たちをはじめ、伊賀者たちは地を這うようにして、必死に逃げのびた。そして、家康の配下で伊賀との関係がきわめて密接な服部半蔵を頼る。百地・藤井と並ぶ服部半蔵の一族は、家康の祖父の清康の代から、徳川（松平）氏が支配する岡崎に移り住んでいた。

四十歳までの前半生がまったく不明とされる明智光秀の事蹟を、丹念に調べていくと、伊賀に結びつく。光秀の黒幕は、家康だったのではないか。

最近、〝中国大返し〟の線から、秀吉黒幕説が強いようだが、もしそうだとすれば、関ヶ原、大坂の陣で豊臣家と戦った家康が、秀吉のイメージダウンのため、秀吉の主殺し説を宣伝したにちがいない。

大胆な推測を試みるなら、堺から薩摩に落ちのびた信長は、本能寺の変で負った傷の治療に専念したのではないか。潜伏先は、おそらく谷山であろう。谷山は、南北朝時代、南朝の懐良（かねなが）親王の九州在所があったところで、秀頼が潜伏していたとされている地でもあり、薩摩の隠れ里でもあった。

治療のかいもなく、信長は四カ月後の十月末に死去した。すべての処理が終わったとき、重臣の上井覚兼は、十一月四日から日記を再開した。以後、家康の秘密を知る島津氏は、江戸期を通じて幕府の最大の仮想敵国となり、島津氏の取り扱いに手を焼く結果となった……。◆

Truth of the hidden history

兵法書が正当化した裏切り

童門冬二

裏切りを正当化した兵法書

戦国武将は、ほとんどが兵法書を読んでいた。それも中国のものだ。当時の知識人であり国際人だったのはすべてお坊さんだ。とくに中国からの本が多かった。しかし、戦国武将が兵法書として読んだのは、『孫子』『六韜』『三略』『韓非子』などの戦略の書だけではなかった。

『史記』や『十八史略』などの歴史書、あるいは「四書五経」と呼ばれる孔子や孟子などの道を説く思想の書まで読んだ。墨子や荀子などにも手を染めた。徳川家康などは、『貞観政要（じょうがんせいよう）』を愛し、その流れで日本の『吾妻鏡（あづまかがみ）』を座右の書にしていた。したがって、戦国武将たちが日本のもので『太平記』や『平家物語』などから、戦略・戦術を学び取ったこともたくさんある。

一言でいえば、

「自分の戦略・戦術に役立つ書は、すべて兵法書だ」

と考えていた。

戦国武将が自分の目的達成のために求めたのは、

「天の時、地の利、人の和」の三つだ。したがって、敵を困らせるためには、この三つの条件がうまくいかないように仕向けることが心要で、そのため、戦国武将たちは兵法書からいくつもの方法論を学んだ。

有名なのは、遠交近攻、誘降、攪乱（かくらん）、講和などの戦術。そして身近なところでは、主殺し、親殺し、親族殺し、あるいは惣領制の確立などである。

こういう非情な方法を実現するためには、なんといっても〝裏切り〟が前面に出てくる。しかし、戦国武将たちは裏切りを裏切りだとは思わなかった。

「裏切りも正当な行為だ」

と考えた。裏切りを正当化する根拠を、これらの兵法書に求めたのである。

下剋上の極致を認めた孟子

戦国時代の裏切りでもっとも大きい事件が、下剋上の極致といわれる主人殺し、あるいは主人追放、さらに父親の追放などだろう。

梟雄といわれた北条早雲の堀越公方殺し、斎藤道三の美濃の土岐氏追放、松永久秀・三好三人衆の室町第十三代将軍義輝殺し、織田信長の同第十五代将軍義昭追放、そして明智光秀の織田信長殺しなどは、そのいい例だ。息子が父親に対して手を加えた場合は親殺し、部下が主人を殺したり追放した場合は謀叛などと呼ばれる。しかし、おこなった当人たちはそんなことは毛頭考えていない。

「オレの行為は正当だ」とウソぶいた。というのは、かれらがそういう行為に出るのにはきちんと理論武装していたからだ。根拠はなにか。

孟子だ。孟子はこういった。

「王には徳が必要だ。もし徳がなくなったときは、王は徳のある者に自分の位を譲らなければならない。平和に位の委譲がおこなわれることを禅譲という。しかし、徳がなくなったにもかかわらず、その王がいつまでもその座にしがみつくようならば、部下は実力行使をしてその王を追放することができる。これを放伐という」

しかし本当に部下が主人を実力行使によって追っ払うことができるのか。

「できる」

と説いた。その理由を、

「なぜなら、徳を失った王はすでに王ではないからだ。悪王は匹夫（ひっぷ）である。したがって、たとえば部下が実力行使をして、こういう悪王を排除したとしても、それは匹夫を排除したので王を排除したわけではない」

その例として孟子は、周（しゅう）の文王・武王をあげた。周の文王・武王が実力行使をして追放したのは、悪王だった。悪王、すなわち匹夫だった。

したがって、北条早雲が堀越公方を殺したのも、早雲にいわせれば、

「堀越公方は、すでにこの地方における統御力を失っていた。ということは、徳をも失っていたのと同じ。だから滅した」

となる。斎藤道三が土岐氏を追放したのも、

「土岐氏ではすでに美濃国は治まらない。民衆の多くが不満を抱いていた。だから自分が代わった」

ということになる。以下みんな同じだ。足利義輝も将軍としての徳を失っていたから、部下の松永や三好三人衆に殺された。織田信長が足利義昭を追放したのも、

▲武田信玄

「義昭は将軍らしくない。しきりに密書を発行しては、オレに背けと大名たちをそそのかしている。こんな陰険なことをやる人間には将軍の資格がない。それに、義昭は中世と同じような価値観を無理に押し付けようとしている。オレは、人間解放を願ってそういう価値観を一切否定している。その点でも合わない。だから排除する」

ということだ。本当は信長は義昭を殺してしまおうと思った。ところが、羽柴（豊臣）秀吉が必死になって嘆願したので、命だけは助けた。

その信長が部下の明智光秀に殺されたのも、光秀にすれば同じ理論を立てている。

「前半の信長公は素晴らしかった。しかし、後半の信長公は狂の気味が濃く、多くの人の信望を失った。だから、自分が代わったのだ」

信長殺しは謀叛ではない、という点を光秀は力説する。

武田信玄が父親を追放したのも同じだ。

「父は領民に対して苛酷な政治をおこなっていた。恨みの声が多かった。また部下の信望も失っていた。部下の中には父親に代わって、わたしが甲斐国の政治をおこなうことを求める声が多い。民衆もそれを望んだ。そこで、わたしはあえて父を甲斐から追放し、国守の地位についたのだ」

といった。武田信玄が、「風林火山」の旗の四文字を孫子の兵法から取ったことは有名だ。

こうみてくると、戦国時代の下剋上の論理は、ほとんど孟子の説を活用(悪用)している。そのため孟子の本は日本の古代から警戒された。上層部にとっては油断のならない説だからだ。

「孟子の本を積んだ船は、かならず玄海灘で沈没する」

といわれた。そんなことが実際にあったわけではなかろうが、それほど日本側では孟子の説の導入を警戒していたということだろう。フルに活用されたのはなんといっても無秩序がまかり通った戦国時代だった。

人間不信の哲学・韓非子

「自分の力をわきまえない小国は見捨てられる。見捨てる側は、けっして裏切ったわけではない」

こんな意味のことをいったのは韓非子だ。韓非子は、韓という小さな国に生まれた。そこの妾腹の皇子だったという。一説によれば韓非子は、荀子の門人だったともいう。荀子は、

「人間の性は悪である」

〝性悪説〟を唱えたので有名だ。韓非子の思想も、

「人間不信の哲学」

といわれる。人間など信用できる存在ではなく、まず疑ってかからなければダメだというのが韓非子の考えだそうだ。秦の始皇帝は、韓非子を呼んで自分のブレーンにしようとした。ところが、昔、韓非子と一緒に学んだ男が秦の始皇帝の側近にいた。李斯だ。李斯は、優秀な韓非子が秦の朝廷にくると、自分が位置を追われると考えた。そこで、始皇帝に吹き込んだ。

「韓非子は油断がならない男です。かれは韓の皇子ですから、やがては秦に背くでしょう。しかし秦の内情をこと細かく知った以上、韓に帰すのも考えものです。牢に入れるべきです」

始皇帝はこれを信じて韓非子を牢に放り込んだ。李斯はおためごかしに韓非子に

毒薬を勧めた。

「お前は、この毒薬を飲んで死ぬのが一番いいのだ」

と説得した。承服したわけではなかったが、韓非子はジロリと李斯をみて、万やむをえないと悟った。潔く毒を仰いで死んだ。しかし、秦の始皇帝が中国を統一した後にいろいろと活用したのは、韓非子が生前唱えていた戦略や戦術であったという。

その中に、

「自分の力をわきまえない小国は、たとえ大国を頼ったとしても見捨てられる」

という説があった。自分の生まれた国である韓の運命を例にしたものだ。

日本でも同じような例があった。織田信長は、全体にこの韓非子をよく読んでいた気配がある。

中国の毛利氏と事を構えたとき、信長は尼子(あまご)氏を利用した。尼子氏は、かつて山陰地方の雄だったが、その後、毛利氏に攻めたてられて小さな国に落ちぶれてしまった。悔しがった忠臣山中鹿之介が、尼子氏の子孫を主人として立て、尼子の回復を願った。信長はこの小国の悲劇を利用した。

山中鹿之介の忠誠心に打たれたのは、羽柴秀吉だ。秀吉はなにかと尼子主従をかばった。

ところが信長と毛利氏との闘いが全面的に拡大されて、もっと大事な合戦が起こった。中国地方の指揮は秀吉が取っていた。そこで信長は、

「尼子を見捨てろ」

と命じた。秀吉は抵抗した。

「そんなことをしたら、義に反します。信長様は非情な武将だと非難されます」

ところが信長は、韓非子の、

「自分の力をわきまえない小国は、見捨てられる」

という言葉を告げた。秀吉は黙した。当時、尼子氏は上月（こうづき）城に籠っていたが、秀吉に見捨てられ、毛利軍の猛攻撃にあってついに陥落した。尼子氏は殺され、山中鹿之介は捕えられた。そして、毛利氏の本拠へ送られる途中、殺されてしまった。山中鹿之介はさぞかし織田信長を恨んだことだろう。しかし信長にすれば、

「尼子氏は自分の力をわきまえない小国だ。しかも、オレの利益を考えずに、自分の国の回復ばかりを願っていた。分を越えた企（くわだ）てだ」

と判断した。信長にすれば、大国の利害と小国の利害とは違う。自分は大国の利害、すなわち大国の論理によって生き抜いている。それを小国の利害、すなわち小

国の論理によって打ち破ろうとしても無理だ。

結局は羽柴秀吉も、二者択一の過程で、信長の論理の方が正しいと思ったに違いない。というのは、秀吉もまた信長の大国の論理にしたがって行動していたからである。

信長の人間不信の思想

遠交近攻という考えは『史記』にある。范雎（はんしょ）という兵法家が唱えた説だ。すなわち、

「利害関係の衝突しない遠くの国と仲良く同盟を結び、近くにいる敵の背後を牽制（けんせい）させる。そうすれば、近くの国が攻めやすくなる」

というものだ。この遠交近攻の策を取った戦国大名は多い。ほとんどが、遠くの国と同盟を結び、近くの国を攻めやすくしている。

しかしそれだけに、これが裏切りの温床になった。

織田信長も遠交近攻策を取った。将軍足利義昭の密命によって、ともすれば自分を攻めようとする大名連合軍の総司令官は、いつも武田信玄が任じられた。そこで、信玄の西上を警戒するために、信長は越後の上杉謙信と同盟を結んだ。三河の徳川

家康とも同盟を結んだ。一方で越前一乗谷（いちじょうだに）に拠点を構えた北陸の雄朝倉義景（よしかげ）を警戒するために、北近江の浅井長政（ながまさ）とも同盟を結んだ。長政には妹のお市を妻として与えた。これは地理的関係からいえば、遠交近攻ではない。近交遠攻だ。このへんは、信長の戦略の立て方はソフトである。

浅井長政と同盟を結んだ時に、浅井はクギを指した。

「朝倉殿を攻める時は、かならずわたくしに事前にお知らせください。浅井家は、父の代から朝倉家と固い同盟を結んでおりますので」

信長は承知した。

しかし、ある時、浅井に黙って朝倉を攻めた。信長にすれば、

(浅井長政は妹の亭主なのだから、オレの義弟だ。朝倉を攻めるのに、いちいち断ることもあるまい。浅井は当然オレの味方をしてくれるはずだ)

と考えた。ところがこれが裏目に出た。浅井長政はそんな男ではなかった。義兄信長との同盟を守るよりも、むしろ長年のよしみのある朝倉義景との同盟を守った。そこで、信長が北陸に攻め入った背後で軍を起こした。信長は、

「裏切りだ！」

と叫んだ。浅井長政も、

「信長こそ裏切り者だ！」

と怒鳴り返した。この時の信長は、生涯で最大の危機に陥った。もう一歩で越前一乗谷の、朝倉義景の本拠を攻め落とせるという寸前までいったが、結局は背後の浅井長政の勢いを恐れて信長は攻撃を諦(あきら)めた。このとき、わずかな供をつれて、北陸から京都まで大脱走をしたことは有名だ。

この時の恨みは信長の胸に長く残った。信長はやがて朝倉義景と浅井長政を滅ぼす。そして二家を滅ぼした後に迎えた最初の正月に、信長は浅井長政と、その父および朝倉義景の頭蓋骨に金箔(きんぱく)を塗りつけて盃(さかずき)にした。これを酒の肴(さかな)にして、大祝宴をあげたという。すでに明智光秀が、

「信長様は、徳を失った」

という〝狂〟の気配が濃厚に漂っている。

信長が韓非子をよく読んでいたと思われるのは、伝えられるかれの言行にいくつかその例がある。たとえば、かれは岐阜城の天守閣にいた時、一人で爪を切った。そして小姓たちに向かって、

「だれかこい」

といった。やってきた小姓に、

「切った爪を拾え」

と命じた。小姓は爪を拾い集めた。ところがその小姓は頭がするどく、

「ひとつ足りません」

といった。爪は九つしかなかったからである。信長は笑い出した。そして、隠していた爪を出して、

「おまえはなかなか頭がいい」

とほめた。この小姓が森蘭丸だったという。

この話は、韓非子の中にある。それは韓の王様がある時、爪を切って、そのうち一つを隠していた。そして側近を呼んで、

「爪が一つない。探せ」

と命じた。側近があたりを探し回ったがついにみつからないので、自分の爪を切って、

「ありました」

と差し出した。韓の王様はこれをきいて、

(側近すらウソをつく。信じられない)

と感じた。

信長はよく、

「トップは、部下に手の内をみせるな」

といっていた。これも韓非子がいった言葉だ。韓非子は全体に、

「上役は部下を絶対に信じてはいけない」

といいきっている。これは徳川家康にも影響を与えている。家康もまた、

「主人と部下の関係は船と水のようなものだ。水はよく船を浮かべるが、またよく覆（くつが）えす」

といっている。タヌキおやじらしい家康の部下に対する見方だ。

韓非子はまた、

「部下にはわざと疑わしい命令を出し、思いもよらないことを尋ねてみるといい」

とか、

「知っているのに、わざと知らないふりをして問いかけてみることも必要だ」

などといっている。すべて人間不信の哲学であり、同時にすぐ裏切りにつながる考え方だ。明智光秀はあるいは信長のこういう人間不信の本質的なモノの考え方を、鋭くみぬいていたのかもしれない。

（まごまごしていると、オレのほうが信長さまに裏切られる。それなら、先手を打

ってこっちが裏切ったほうがいい)

と考えて謀叛を起こしたのだろう。

裏切り者の清涼剤となった孔明

誘降という裏切りを戦術として奨励したのは孫子だ。これは、固く結びついた敵の主人と部下の間に亀裂を生じさせることが目的だ。部下の抱き込みである。引き抜きだ。これによって、残った部下に対しても、敵方の大将に疑心暗鬼の念を起こさせることが目的だ。

(ほかにもいつ裏切り者が出るか)

と不安な精神状態に追い込む。

この誘降戦術が得意だったのは豊臣秀吉だ。かれは織田信長の部下であった時代から、しきりに引っこ抜きをやった。美濃斎藤家からは、いわゆる〝美濃三人衆〟と呼ばれた重役たちを、三人ごと織田家に味方させた。また、〝戦国の諸葛孔明(しょかつこうめい)〟として名参謀の名の高かった、斎藤家の竹中半兵衛を織田家の参謀にした。竹中は、

「信長さまの参謀にはならない。あなたの参謀ならなる」

といって、名目上は織田家に仕えたが、実質的には秀吉の参謀になった。しかし、

▲諸葛孔明

半兵衛が斎藤家を裏切ったことは間違いない。

　こういう裏切りはつぎつぎと出る。あれほど徳川家康が信じていた石川数正は豊臣秀吉の所に走った。

　北条氏が滅びる直前、有名な小田原評定がおこなわれたが、秀吉の命を受けた黒田官兵衛（如水）の働きかけによって、北条家の重役だった松田憲秀が裏切った。憲秀は長男も抱き込んだ。ところが次男が怒って、

「この裏切り者め」

と長男に切りかかった。

　武田勝頼が滅びる時は、信頼していた小山田信茂と穴山梅雪が裏切った。小山田は、勝頼を見殺しにしたが、穴山は徳

川家康の家臣になった。ところが、明智光秀が織田信長を殺した際の脱出行で、家康たちは助かったが、穴山は土豪に殺されてしまった。これは、穴山の存在を煩わしく感じはじめた家康が、わざと殺させたのかもしれない。

その家康の最大の裏切りは、大坂冬の陣だ。冬の陣で豊臣家と和睦を結んだが、この時、約束をわざと破って、大坂城の堀を埋め、本丸をまる裸にしてしまった。そして難癖をつけて夏の陣を起こした。豊臣家はこれで滅びた。

こういうように、どちらかといえば後味の悪い裏切りの連続が戦国時代だった。そのため、戦国時代の偶像として敬愛されたのが中国の諸葛孔明だ。悲運の参謀だ。しかし、その生き方はせせらぎのように澄んでいた。潔癖だった。身悶えする戦国武将たちが、せめて心の一角で武士道を求め、諸葛孔明の清々しさで汚れた心を洗おうとしたのだろう。汚濁にまみれた戦国の裏切り者たちは、自分たちの裏切りを正当化しつつも、やはり心の一角では後ろめたさを感じていたにちがいない。多くの武将たちが、仏門に志したのも、たんにそれを自分が殺した相手、あるいは殺された味方の霊を弔うためだけではあるまい。自分がおこなった裏切りの罪の深さを感じたからだろう。せめてあの世では、その罪を許されて仏になりたかったのであろう。

◆

Truth of the hidden history

家康改葬に秘められたカラクリ

羽太雄平

呪術的で宗教的な願いが隠された遺言

徳川家康は、よほど几帳面（きちょうめん）な人だったらしい。

元和（げんな）二年（一六一六）一月、鷹狩りに出かけた夜、にわかに発病した家康は、その年の四月に亡くなるまでの三カ月の間、じつに細々とした遺言を残している。それを見ると、

「かえすかえす、秀頼事たのみ申し候…」

と狂乱の態（てい）であった秀吉とつい比べてしまい、家康の冷静さがいっそう際立って

くる。

たとえば死の半月ほど前、側近筆頭の本多正純（ほんだまさずみ）、南光坊天海（てんかい）、金地院崇伝（こんちいんすうでん）を枕頭によんで伝えた遺言は、死後の葬礼にまで及んだ。

「遺体を久能山（くのうざん）に納め、葬礼は江戸増上寺に申しつけ、位牌（いはい）を三河大樹寺（だいじゅじ）に立てよ。一周忌を過ぎたら、日光山に小さき堂を建て勧請（かんじょう）せよ。さすれば八州の鎮守とならん……」

とする遺言は、この後つづけて、

「京都南禅寺の金地院に小堂をいとなみ、所司代はじめ武家の輩（やから）進拝せしむべし」

と語ったと『徳川実紀』に記載されている。

家康らしい用意周到さ、といってしまえばそれまでだが、その内容をつぶさに見ると、いくつかの疑問を感じないわけにはいかない。

とはいえ三河の大樹寺は、歴代松平家の菩提寺（ぼだいじ）であり、また京都南禅寺は遺言の記載者崇伝の寺だ。こうした関連ある寺院に、位牌を置いたり堂を建てて参拝せしめよ、と遺言したのはまあ、うなずける。

しかし久能山は、武田信玄が築いた山城があるだけで、当時は城番を置くだけの地である。駿府（すんぷ）城に近いというだけで墓所と決するには、少々理由が希薄なような気がするのだ。

面白い説がある。日光東照宮文庫長の高藤晴俊氏によれば、この遺言には〈呪術的宗教的〉願いが隠されているらしい。

氏の説は、この三カ所がいずれも北緯三四度五八分の線上にあることに着目している。つまり久能山からまっすぐ西に線を引いていくと、三河大樹寺を通って京都南禅寺にいたるわけで、とても偶然とは思えない、と氏はいうのである。

東は太陽が上る方角であり、古来、神の世界を意味している。その昔、東の空と海が一つになった所に理想郷があると信じた大和人は、都から〈聖なる太陽の道〉を引き、その東の最果てに、朝廷守護の社を祀って毎朝遥拝した。伊勢神宮である。

太陽は東に昇り西に沈む。死と再生を繰り返す太陽のように、家康が再生するためには、葬送の地を太陽が昇る最東の地に決める必要があり、そこが久能山だった。しかもそこは、京都の真東だから、朝廷人が毎朝、太陽を遥拝するとき、かならず家康の廟所（びょうしょ）を拝むことになるのである。

一方、仏教では、西に阿弥陀（あみだ）のいる浄土があるとされている。たとえば秀吉は、京都東山（ひがしやま）の阿弥陀ヶ峰に葬られ、その西麓に豊国（ほうこく）神社を建立した。その東西の線をたどると阿弥陀如来を本尊とする本願寺にいたることになり、秀吉は〈阿弥陀ライン」に西方浄土への願いを託したのでは、という説が成り立つ。

浄土宗の信者でもあった家康は、浄土宗本山の増上寺で葬礼をおこない、墓所の西方線上にある大樹寺に位牌を納めることを指示したのは、こうした仏教上の西方信仰ももち合わせていたようなのだ。

ところが天下を握った家康は、すぐに豊国神社を取り壊し、その参道をふさぐように、秀吉に滅ぼされた紀州根来寺（ねごろじ）の智積院（ちしゃくいん）を移し、さらに本願寺の真東に、東本願寺を建てさせた。つまり家康は、秀吉の阿弥陀ラインの存在を知り、徹底的に破壊したのだ、とは民俗学に詳しい写真家内藤正敏氏の説である。

◆久能山東照宮境内略図

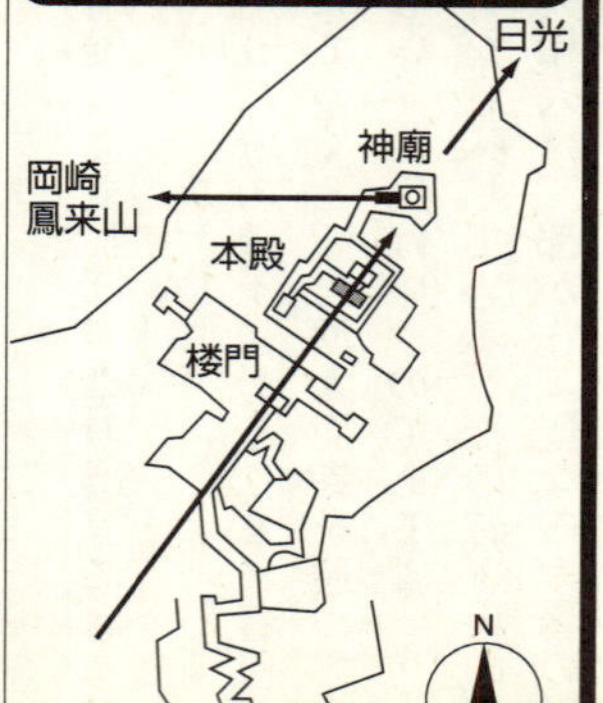

◆日光東照宮境内略図

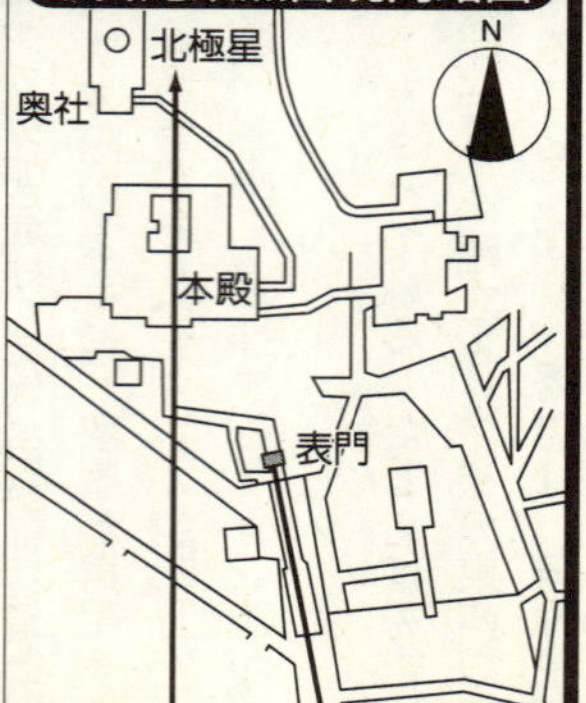

こうした呪術的せめぎ合いは、政権交代期にはよく見られることで、それをよく知る家康は、秀吉のように死後の世界を荒らされることをよほど嫌ったろうと考えられる。

そこで、従来からある〈太陽の道〉や西方浄土への〈阿弥陀ライン〉の他に、少々こみいった方角信仰を考え出した。その結果が、日光への〈小堂〉の勧請だったのだ。

家康は天皇になろうとしたのか？　日光遷座の謎

ふつう神社は南向きに建てられる。ところが久能山の神廟は、西向きに安置された。つまり大樹寺や京都の方向を向いているわけで、それを『徳川実紀』は〈西国鎮護〉のためと説明し、内藤説にしたがえば〈西方浄土〉への願いがあると考えられる。だが、久能山の楼門や本殿は、南南西に傾いて建てられている。なぜだろう。

その疑問を解くのに、再び高藤説に登場願おう。氏の説によると、久能山を参拝する者が本殿から神廟を仰ぐと、その背後に霊峰富士が見えるように建物が配されており、しかも、その延長線上をたどると、徳川家発祥の世良田（せらた）徳川郷に突きあたり、そのさらなる先に日光山があるのだ。

しかしながらそれで日光、というにはあまりに強引すぎる。だが、日光が江戸城の真北にあたるとすれば、おや、と思わざるをえない。

つまり久能山から京都にいたる、太陽の道あるいは阿弥陀ラインに擬した東西の道と、江戸城と日光山を結ぶ南北の線（高藤説では〔北辰の道〕と命名されている）は、久能山廟から発し、霊峰富士をつらぬく線で結ばれることになるからだ。

ところで北辰（北極星）は、不動であるところから宇宙を主宰する神とされ、いわゆる北辰信仰の基となった。古代中国では、この北極星を神格化して〔天皇〕とよんでいる。はじめ大王とよばれていたわが国の統治者を、天皇とよぶようになったのは、天武帝のころとされている。むろん当時の中国思想の影響を受けてのことなのだ。

だからといって、江戸北方の日光への遷座を遺言した家康が、まさか天皇になろうとしたわけではない。陰陽五行易学には、

「北方至陰は宗廟祭祀の象たり」

とする方角信仰があり、だからこそ日光山が選ばれた、というのが高藤説の結論だ。

それにしても家康は、一度も日光山を訪れていない、そんな土地に遷座を遺言したわけだが、その陰には強力な助言者がいたことは大いに想像できる。そこで登場

するのが大僧正天海である。

家康を日光に遷した仕掛人・天海

いうまでもなく天海は、家康・秀忠・家光の三代将軍に仕え、徳川幕府の基礎づくりに大きく寄与した天台宗の名高い僧侶であり、死後、慈眼大師の諡を賜与されている。

史上、朝廷より大師号を送られた僧は、最澄の伝教大師を最初に、空海の弘法大師など、合わせて二十三人しかおらず、天海への大師号下賜は、実に七百年ぶりだった。

それほどの名僧でありながら、寛永二十年（一六四三）に入滅したとき、はたして何歳であったか誰も知らなかった。その年寿は百三十五歳を最高として、実に十二もの説があるのだ。

「十八歳のとき、初の川中島合戦があった」

ともらしたことから、享年は百八歳だったとする説が定説になっているが、とすれば、はじめて家康と会ったとされる慶長十三年（一六〇八）には、天海はすでに七十三歳だったことになる。

後年の精力的な活躍を思うと、それほどの才能があたら野に伏していたとはとうてい思えず、そこから天海＝明智光秀説などが出たのだろう。また足利将軍の落胤説もあり、素性といい年齢といい、何一つはっきりしていない。それは神秘的ですらある。

いずれにしても家康に見出された天海は、二年ほど後、比叡山に送られ探題（議論の場を統括する役）に就任するなど、たちまち周囲を驚かすような重用を受けることになる。

そして慶長十八年十一月、家康は、天海を日光山貫主に任命した。すでに比叡山に送った天海に、関東の山岳信仰の一霊場にすぎない日光山を任せるについて、何かしらの意図があったと見るほうが妥当で、史実は、家康がこのときはじめて、日光山を「関八州の鎮守」とすべき考えを固めたとしている。それを裏付けるのが、北辰信仰を基とした高藤説なのだろう。

そして三年後、正確にはわずか二年五カ月後、死期を悟った家康は先の遺言を表明したことになる。なにやら家康らしからぬ慌しさを感じてしまうのは私だけだろうか。

ま、それはよしとして、久能山の廟殿は大工頭中井大和守の手によって造営され、葬儀そのものは吉田神道の梵舜(ぼんしゅん)の指導でおこなわれている。天海は一言も異をはさまず、ただ静かに供奉(ぐぶ)したらしい。

ところがこと日光遷座になると、天海はがぜん攻勢に出た。まず家康の神号問題で、梵舜や崇伝らが主張する〔大明神(だいみょうじん)〕を、

「豊国大明神（秀吉）の子孫をご覧あれ」

と一蹴し〔大権現(だいごんげん)〕説を押しとおし、日光神廟経営のいっさいを握ってしまう。

それはもう徹底したもので、造営奉行に任命された本多正純や藤堂高虎(とうどうたかとら)に異論をはさませず、廟所の縄張りをみずからおこなったくらいだ。たぶん天海の進言によって考え出されたであろう〔東照曼陀羅(まんだら)〕の中心日光に関しては、決して余人に任すことはできなかったからだ。

徳川を霊的に防御する東照曼陀羅

東西線上の〔太陽の道〕あるいは〔阿弥陀ライン〕に、北極星信仰による南北の〔北辰の道〕を加え、霊峰富士をつらぬく線で結びつけたそれは、まさに覇者家康にふさわしい〔東照曼陀羅〕を形成している。

ところが肝心の日光山が、江戸城の真北ではなかった。

地図上では、江戸城は東緯一三九度四五分にあり、日光山は東緯一三九度三六分に位置する。経度にして九分、距離にして約十二キロほど、西に寄ったところに日光山があるのだ。

高藤説は、ほぼ許容範囲だろうといい、正しく江戸の方向を示した参道の存在を記載している。つまり天海も、位置のずれを認め、参道を東に傾けて縄張りしたことになる。

が、なんとなく納得できない。死後への願いという崇高な目的で築かれたはずの〔東照曼陀羅〕が、最後の最後で画竜(がりょう)点睛(てんせい)を欠くことになりはしないか、はじめに日光山ありきだったのではないか、などと思ってしまうのだ。

◆東照宮鎮座地方位概念図

そこで日光山のあれこれを調べてみた。ご存じのように日光開基は勝道(しょうどう)上人によるとされている。そのころは、補陀落(ふだらく)山から転化した二荒(ふたら)山とよばれていたが、この〔二荒(にこう)〕を読みかえて〔日光(にっこう)〕と改称したのが空海だとする古書がある。

朝廷から二荒山碑撰文の依頼を受け、わざわざ当地を訪れた空海は、当時の二荒信仰の中心であった滝尾社境内の名滝下に結壇して、仏眼・金輪の法を修行した。

「結願の夜、池の水を分けて一玉出出(いでいだ)せり、その径二寸あまり……天補星なり」

さらに空海が祈ると、再び白玉が現れ、

「方一尺なり、……妙見尊星なり」

と答えたという。

ちなみに妙見尊星とは、北極星のことである。空海はそれを中禅寺に納め、北斗七星に擬した天補星は、滝尾社境内の小玉堂に安置したとされている。

たぶん天海は、この故事を知っていて、北辰信仰による日光遷座進言のよりどころとしたと思われる。とすれば、尊星・補星とよばれた白玉が何であったかも、当然知っていたとみたほうが妥当だ。

この二つの白玉の正体だが、空海が納めたという、中禅寺や小玉堂に現存しない。

しかし古書によれば、二つの玉の出現を見た空海の喜びようは一様ではなかったという。すでに高野山開創という大事業に乗り出していた空海をして、それほどの喜びようはよほどの価値とみるべきだろう。

空海が高野山を開いた秘密

真言密教を中国からもたらした空海は、わが国最大の宗教的天才といわれ、と同時に医療・土木・鉱山技術にも驚くべき才能を発揮した〈超能力者〉としても知られている。

空海の事跡をこと細かにたどる枚数がないが、その事実の集大成を高野山金剛峯寺(こんごうぶじ)の創設に見ることができる。

鉱山学の松田寿男博士によれば、この周辺は水銀の一大埋蔵地帯であるとして、「空海は、この水銀を採掘して、宗門経営の費用にあてたのではないか」と推測している。

古代から朱丹、つまり水銀化合物のアンチモン朱として、マジカルの象徴だった水銀は、不老長寿の仙薬・神仙丹の原料となり、来世での再生を願うミイラ造りにも欠かせない。しかも水銀には、金を溶かす作用があり、その溶液を仏像に塗り加熱すれば、やがて水銀だけが蒸発する。あとには金の薄い膜(まく)が残ることになり金メッキが完成する。

仏像造りが国家的事業だった当時、水銀の価値は飛躍的に高まり、高野山経営の資金とするに十分だったと考えられるのだ。

だが、水銀はアンチモン朱であり、朱色なのだから、空海が発見した二つの玉が水銀であった可能性は低い。で、白く輝いたそれが、銀であったと想像するのは私だけだろうか。しかも含金石英（せきえい）脈は、つねに同型の結晶構造をもつ銀を伴った形で発見されるから、二つの白玉が、金をも含む可能性も考えられるのだ。

一つの証拠がある。日光東照宮がある女峰山系の裏側、現在栃木県栗山村に属する高地で、明治から大正にかけて莫大な金銀が採掘されている。そこは西沢金山とよばれ、

「弘化（こうか）年間……高野山役僧の意見によって発見された。当時西沢は日光の社領に属しており、金銀の採取を禁じられていた」

と『日光市史』は明記して、高野山役僧と西沢金山の関係に触れている。

山の裏側に金山があったとすれば、東照宮側に存在した可能性もあり、発見した空海が〔日〕を受けて〔光〕り輝く黄金郷の意味をもつ〔日光〕と改称したとして

も不思議はない。その謎にたどりついた天海が、日光山に埋蔵された金鉱を家康に献上して、異常ともいえる立身をなし遂げたと考えると、位置が多少ずれていようとも、家康廟は日光山になくてはならないだろう。

そして伊勢神宮の式年遷宮にならったとされる、三代家光による寛永造替も、その金を掘り出すためだったとすれば、金五十六万八千両もの莫大な造替費用を、それまでの通例に反して諸大名への負担を強いなかったことや、以後一度も造り替えられていないのも大いにうなずけるのだ。

それにしても観光地として名高い現在の日光において、空海による改称はほとんど無視されている。天台宗の聖地ゆえに真言宗祖の空海の事跡はふさわしくないからだろうが、その意識がより強かった江戸時代に、それに触れた人物がいる。

「二荒山と書しを、空海大師開基のとき日光と改給ふ」

と、その著書『奥の細道』に記したのは、かの俳人松尾芭蕉(ばしょう)である。ひょっとすると芭蕉は……などと考えると、やたら面白く思えてくるのである。◆

Truth of the hidden history

武蔵は本当に強かったのか？

夢枕　獏

卑怯とアドリブの天才

実際の宮本武蔵がどうかということではなくて、僕が武蔵という人物設定をするときに、やはりおもしろいと思うのは、坂口安吾が書いた『日本文化私観』なんですね。その中に武蔵のことが書かれてあるんですが、僕が読んだ武蔵の中ではこれが一番おもしろい。それを僕なりにアレンジして、『大帝の剣』という作品で武蔵について書いてしまいましたけど。

今はもう、坂口安吾の武蔵と僕の武蔵がごっちゃになってますから、それを前提に語らなければいけないんですが、まず武蔵という人は闘う前に考えるやつだったということですね。それと、もう一つはアドリブを使えたこと。武蔵はこの二つの天才だったんですね。

まず、足利将軍家兵法指南として名高かった・吉岡一門の当主清十郎と洛北の蓮台寺野で果たし合いをするときに、武蔵は木刀をぶら下げ、定刻に遅れていくのですが、行っても名乗らない。風景を見ながらひょこひょこ歩いて近づいていき、いきなりその木刀で清十郎をバーンと殴り倒す。そのあとで、

「宮本武蔵である」

と。

倒した後はひたすら走って逃げてしまう。

次に立ち合うのが清十郎の弟の伝七郎。決闘場所は蓮華王院の三十三間堂なんですが、彼も武蔵の手口、自分の兄貴がどうやられたかということを知っているから、多少は考えている。火などを燃やして手がしびれないようにあたっている。

「武蔵は遅れてくるだろう」

などと言っていると、時間前にふんどし姿の裸の男が、

「いやあ、寒い、寒い。火にあたらせてくれ」

と言って、やってくる。丸腰だから、あれっと思っていると、それが武蔵なんですね。その瞬間、

「武蔵である」

と、いきなり伝七郎の腰から刀を抜いて、その刀で斬り殺し、あとは刀をほうり投げて、やはりひたすら走って逃げてしまう。これはすごい。

面目まるつぶれの吉岡一門は、こんどは清十郎の子供の又七郎まで名目人として立て武蔵と対決する。又七郎を殺すときは、吉川英治作品でも木の上に隠れていたことになっているんですが――、僕の設定でも、武蔵は早くから来ているわけです。吉岡方が夜のうちに下で、よし、鉄砲隊はこの辺、何々はここ、とやっているうちに、いきなり木の上から飛び下りて、物も言わずに又七郎を斬ってしまう。それでまた走りだす。

「武蔵が来たーっ、武蔵が来たーっ」

と自分で叫びながら走っていく。そうすると、夜だから、むこうは誰が武蔵かわからない。吉岡側があちらこちらで同士討ちを始める中をひとりだけ逃げていく。

巌流島（がんりゅうじま）で佐々木小次郎と対決するときも、また武蔵はセコい手を使う。坂口安吾も指摘しているんですが、武蔵はアドリブの達人なんですね。試合ではまず精神的

に優位に立つと、もう完全に有利です。今度は、小次郎を待たせに待たせる。遅れて武蔵が登場すると、待ちかねた小次郎が刀を抜き、鞘を投げ捨てる。そのとき武蔵は小次郎に問う。

「勝つ者が何で鞘を投げるんだ」

と。あの台詞はわかりにくい。僕ははじめ、あの台詞の意味がわからなかったんですが、あれは、勝った方は、剣をおさめる鞘が必要なんですが、負けた方は、剣を握ったまま死ぬわけですから鞘が必要ない。つまり、小次郎よ、おまえは自ら死を選んだも同じだ、ということですね。その武蔵の台詞で小次郎が動揺したときにやはり殴り殺している。撲殺ですね。そういう武蔵の計算とアドリブの強さ――。

僕が実際に書いた巌流島の決闘では、舟が陸につくと、もう小次郎がいる。武蔵は舟の上から下りられない。舟は波に揺られている。下りると、どうしても波の中へ下りなければいけない。舟がまだ波の中にあって、そこへ下りると、すそは濡れるわ、水の中だわということになる。一方、小次郎の方は高い位置にいる。これでは武蔵は逃げるときに不利ですね。

そこで武蔵は下りるために工夫をする。それが先ほど言った台詞です。

「鞘をなぜ捨てたのか」

と言って、相手をまず動揺させる。だが、そんなことも意に介せず小次郎が瞬時に立ち直っていくのがわかった武蔵は、これはいけない、こいつは立ち直りが早い、よしっ、では次の手で脅かさなくてはいけないと思い、舟の上で構えながら、

「潮が引いていくぞ」

と言うんですね。潮が引けば全部砂地になってしまうから、武蔵は水の中へ下りなくてすむということです。そして、

「いつまでにらみ合っているつもりだ」

と続ける。小次郎が動揺したと見るや、舟から下りざま、一気に殴り殺してしまうのですが、この「潮が引いていくぞ」という嘘が実にいいでしょう。

また、これは先ほども言った『日本文化私観』の受け売りではあるが、武蔵が諸国を漫遊中、ある藩の殿様に声をかけられる。

「わが藩に強い者がいるから、立ち合え」

と。

「ええ、よろしゅうございます」

と武蔵は言って、ではあすの何時にと約束して、翌日試合場へ行く。すると、試合用の幕が張ってあるので、それをあけて中へ入り、さあ、おれも支度をしようかなと

思っていると、すぐそばで相手の選手が支度をしている。これがすきだらけ。すかさず試合開始の太鼓（たいこ）も鳴らないうちに後ろからえいっとばかりに殴り殺してしまう。

「ひどいやつだ」

と殿様は武蔵を怒るんですが、それに対して、

「いや、もう試合をやることが決まったときから、試合は始まっているのです」

と武蔵は答える。これはプロレスでゴングの前に猪木に目つぶしの灰を投げて闘うタイガー・ジェット・シンのようなものであって、武蔵の論理は正しいんですね。

武蔵は本当にそういうアドリブというか、そのつどそのつど、闘いの場所で利用できるものは何でも利用して闘ったのではないでしょうか。卑怯だろうが何だろうが、勝たなければいけない。負けるというのは死ぬことなんですからね……。

剣法をスポーツにした男

僕らが知っているいわゆる剣豪の世界というのは、一刀流開祖の伊東一刀斎あたりから武蔵までの間の、非常に短い時間しか存在しなかったんじゃないでしょうか。せいぜい徳川家康が死んで十年か十五年ぐらいまでの時代だと思います。あとはもう皆、藩のお抱えで、藩のために教えるようになる。その剣術は御留流（おとめ）のように外

へ出ないようにとめてしまう。自分たちの秘伝は藩の外では教えなくなる。教えたら、こんどもし戦争にでもなったとき、あいつらはこう来るというのを皆、知られてしまうことになりますからね。

そういう意味では、僕らが言うような武者修行の剣豪は、戦国時代の前後にしか存在しえなかったと思うんです。それ以外の時代、町道場の中にこういう強いやつがいたとか、この藩にはこういう人がいたというのは、いろいろな記録に残っていますが、全国を武者修行して、いろいろな相手と対決していたというのは、もういなかったのではないでしょうか。伊東一刀斎、塚原卜伝（つかはらぼくでん）、武蔵、あのあたりが最後の武者修行の剣豪でしょう。

日本は今、格闘技大国で、世界でも特殊な国になっていますが、日本の歴史の中で見れば戦国期もやはり特殊な時代だったと思います。何だかんだ言っても平和の世、平安時代は長かったし、江戸時代もまた長かったのですから。

あのころの剣術というのは奥義（おうぎ）の世界だから、普通の人が勉強しようと思ってもなかなかできるものではありません。才能のある人しか受け継ぐことができないものだったんですね。それを変えたのが幕末期、北辰（ほくしん）一刀流を興した千葉周作（ちばしゅうさく）だと思います。あの時まで、剣術は秘伝だった。彼はそれをスポーツに近いレベルのものに変えたのです。

「（刀は）小指で強く持って、あとは緩くして」

というように、だれにでもわかるような教え方をした。

「こういう練習をすれば強くなる」

「相手がこう来たら、こう受けて、こう払って、こういきなさい」

「もっとそこのところはこういう角度で速く打ち下ろした後、こっちからこういうのが来るから、こういうふうに構えなきゃだめだよ」

というような、今、ボクサーがボクシングジムに行って、ボクシングを習うようなシステムをつくった人だと思いますね。

大工の棟梁（とうりょう）が、

「おれを見て技を盗め」

というのではなくて、ちゃんと若手の手をとって、

「カンナはこれをこうしてこうすればよく切れるだろう」

とか、

「こう見て、ここまで刃が出ていたら、ちょうどよく切れるんだよ」

とか、そういう教え方をしたのでしょう。

わかりにくい表現はしなかった。だから、あの時代、千葉道場がはやったのだと思います。変な思想に行かなかったということです。

「天と地と心を一つにしろ」

とか、そういうことではなくてね。

天が特殊な才能をもつ宮本武蔵や千葉周作という二人の人間を生んだことでは同じだと思います。ただ、二人の剣術が、武蔵の二天一流※は一代限りだったけれども、周作の北辰一刀流はきちんと人に受け継がれていった。千葉道場という、それができるシステムを持っていたからですね。

※流派は伝承された。ただし、武蔵のような天賦の才をもつ者のみ身につく剣術に近く、隆盛とはならなかった。

夢枕版〝宮本武蔵vs千葉周作〟

どちらが勝つかとまじめに考えると、小説の話ではなくなってしまいますから、どういう対決にすれば読者が喜ぶかという小説的な発想をしますとね、僕だったらまず、どちらかが勝ってしまうとおもしろくないから、やはりどちらも勝たせたいということで二人の対決を発想していきますね。

まず、時代が違う二人が一体どうやって対決できるのか。小説にするときはそういう問題がありますね。科学的なことでタイムマシンに乗って過去に行ったのでは、剣豪小説の色気が出てこない。そこで、どうしても武蔵が三百年だろうが何だろうが生きていたということにするしか、これはもうないわけです。

千葉周作が北辰一刀流で幕末直前の日本をひととおり征服したとしますね。そんな時、ある弟子が、

「千葉先生、まだ飛騨（ひだ）に先生より強い人がいるそうです」

「えっ、そんな人がいるのか」

「確かにいます」

「ほんとうか」

師匠の浅利又七郎も負けたらしいというんですね、これが。

「うん、会ってみたいものだ。どこにいるかわかるか」

「それが、飛騨山中にいるということしかわからないんです。とにかく、そこへ行き、矢に文をつけ目印の木に三本打ち込む合図を送ると、来るそうです」

「よしっ」

そう言って飛騨へ向かった周作が、聞いたとおりに矢を放つと、ほどなくよぼよぼの背の低い老人がやってきて、

「御用は何かな」

と言う。

「強いやつがいると聞いてきた」

「ほう、ほう」

と言いながら老人はにこにこして聞いている。

「おれはその強いやつに会って試合をしたいんだ。ぜひその人に会わせてくれないか」

と話す周作に、

「そういう輩(やから)がいっぱいいいて困るんだよ」

とその老人は答える。

折しも昼どきで、老人は、

「飯を食わないか」

と周作を誘う。そこで老人がヒュッと二本、小さな刀を抜いたかと思うと、サッサッと横の枝を払ってはしをつくっている。

（へえ、できるな、この老いぼれ）

そして二人が飯を食っていると、ハエがうるさい。それを今度はぱっとつまんで捨てている。

（やはり、ただものではないな）

そんなことを考えている周作に、改めて「本当にその人と立ち合いたいのかね」と老人が尋ねる。まさか、周作は武蔵だとは思わない。

「はい」

返事をする周作に、

「よし、では、あんた、あした、ここへ来なさい。ちゃんとその人を呼んできてやるから」

そう続ける老人に、

「よろしくお願いします」

と言って周作が背中を向けた途端に、老人は下に落ちていた丸太をひろって、いきなり周作の後頭部をぶん殴る。

周作が気がつくと、額には手ぬぐいが載っており、老人が、

「悪かったな」

と言いながら介抱（かいほう）していた。

道場剣法の鬼、千葉周作も思わず後ろから殴られてしまったとなれば角が立たないだろうし、老人も周作を介抱しながら、

「まともにやったらあんたに勝てるわけはない。うまい酒があるから……」

と言って周作を立てれば、まずはめでたしめでたしの勝負というところですかねえ。武蔵と千葉周作の対決はこんなところじゃないでしょうか。

正しいことは勝つこと

試合はケンカであるから、武蔵のやり方は正しい。僕の知人が強い人とケンカして勝つ方法を教えてくれたんですが、これがなかなかリアルな話なんですよ。飲み屋などでケンカになったら、とにかく、

「ここではみんなが迷惑するから、外へ出ませんか」

と。強い人は自信があるので、必ず最初に歩き出すらしいんですね、背中を向けて。そこで、そこが店の中だろうがなんだろうが、かまわず後ろからビール瓶でぶん殴る。

たとえばケンカの場所が川の土手だったら、

「下の河原でやりませんか」

と。これも、自信のある人は先に下りていく。そこで、いきなり後ろから蹴飛ばして、土手の下に相手を突き落としてしまう。そして、体の上に飛びかかって殴れば勝てるというんですね。とにかく相手が背を向けたら、もう部屋でもどこでもい

いからやってしまうことだそうですね。

ルールはない。気持ちの中にしかない。夫婦ゲンカは夫婦ゲンカのルールがあって、やはり包丁を実際に投げてはだめだとか、いろいろなルールがあります。町のケンカでも、ふだんからの友達と、顔見知りでないやつとでは、おのずと気持ちの中にあるルールが違ってきます。

しかも、そのルールはやっているうちにどんどん変わっていくんです。殴られると、思わず心のルールがエスカレートして、もう目をつぶしちゃってもいいかというルールに変わったりする場合もありそうだし。

武蔵、ト伝らと後世の剣豪とは、ルールが違うと思いますね。ただ、殺し合いの試合となれば、恐らく後世のメンバーも同じだったと思いますよ。毒を盛ったりとか、あの手この手やったんじゃないでしょうか。試合前に毒味役なんかがちゃんとついたでしょう。人が見ている時はいけない。見ていないところでは何をやってもいい。殺したあとで、

「惜しい方を亡くしました」

と言えばいいわけですから、まあ、美しく負けるよりは汚く勝つ方が……。やっぱりえげつないと生き残れないのでしょうかねえ。昔も今もね。

◆

Truth of the hidden history

幕末篇

維新の快男児、龍馬を殺害したのは時代か、それとも外つ国の秘密結社か——。

Truth of the hidden history

歴史的使命を果たし倒れた者

会田雄次

歴史の神に微笑を贈られし者

「歴史の神クリオは華やいだ古典の神々の中にあって、唯一人笑いを忘れたような沈鬱な女神である。たまさか彼女が戦勝者や成功者に微笑をもらすときがあるように見えるが、それは決して祝福の微笑ではない。その驕慢さに対する冷笑であり、その没落破滅を予告する呪詛の笑いだ。クリオが心からなるねぎらいと祝福の微笑を贈るのは、巨大な歴史的使命を与えられ、全身全霊を集中、それを果たして倒れた才幹に対してだけである」。

日本の歴史書では残念ながら私はいまだめぐり会っていないのだが、ヨーロッパの深い歴史観を持った著者の書物に接していると、歴史の面白さと不思議さとともにその持つ重さというものを痛切に感じられ、思わず吐息をもらすような気分に襲われる場合がときどきある。それは司馬遷の「天道理か非か」という問いかけほどの巨大さをもたないにしろ、それだけに強く鋭く人間の営みと運命といったものの不可知さを考えさせる問いであった。この句はそういう本の一冊、その中の読者への問題提起とともに、著者自身の感慨であった。

それが何という著者の何という題名の本であったか、戦前、すでに五十年もの昔、私が若いころ読んだものでどうしても思い出せない。ただ、そのころもめぼしいものだけで年間優に百冊は超えて出されていたろう、ラファエロの研究書の中で出色とされたものだったことは確かである。

あの絢爛（けんらん）たるイタリア・ルネサンスがその二百年もの歴史に幕を閉じる寸前の、十六世紀前半に生きたラファエロ。彼はルネッサンス期に生まれたおびただしい天才画家たちが、その独創力によって切り開いた画法のすべてを集大成すべく、超人的な働きをすること十余年。みごとにその使命を果たし、数多くの大作を残してあわただしく逝（い）った巨人である。

視野のせまい専門家の間では華麗な形式美を表現したにすぎないと見られがちだが、そういう解釈こそが浅薄なことを見事に証明した著者が、三十七歳というラファエロの夭折(ようせつ)を嘆じるとともにその業績を讃(たた)えるべくクリオに託しつつ述べた言葉がこれだ。感激して読み終えたためでもあろう。この嘆声ははっきりと私の記憶に刻みこまれ、時折ふと口をついて出てくるのである。

このことは、政治、経済、文化、どの分野でも歴史が激動するとき強く感じられる。

とりわけ一国が興亡の危機に遭遇した場合にその感が顕著だといえよう。

明治維新という奇跡が成就した理由

人類が有史時代に入ってほぼ五千年とされるが、その五千年はひと口にいって大小さまざまの無数の国の興亡の歴史である。どの国も人間個人の生涯と同じようにすべてに栄枯盛衰があり寿命がある。

ただ個々人とちがい、その大小、寿命の長短、国力の強弱、繁栄の度合いというものの格差が大きいだけだ。そしてこの間の、これはもう歴史の法則といってもよい現象は、国力も強く寿命も長かった国というのは、何度か遭遇した興亡の危機をみごとに乗り越えた国だということである。

そのひとつの典型例が日本の明治維新だといえよう。日本は幸いにも寿命が長く「強く」「繁栄」した国になっているが、寿命が長いのは、大洋、しかも激浪中の絶海の孤島群という一にも二にも自然条件のおかげである。

ただし、少なくとも最近まで繁栄国でありえたのは、十九世紀後半欧米帝国主義列強が唯一の未征服地域東南アジアに対する侵略を開始し、その爪牙が日本にかけられたまさに存亡の危機を国民の努力によって克服したことによってである。

もしこのとき日本が急遽幕府を倒し、新政府による近代独立国家建設という大事業を、それも二十〜三十年という短期間で成功させなかったら早晩、英、米、露、仏、蘭のいずれかの植民地になるか、数カ国による分割支配を受けていたろう。そのことは明治維新後も列強の侵略が進行、インドシナ三国、ビルマ（ミャンマー）、フィリピン、ハワイなどが植民地化され、中国も食い荒らされ、幸運な緩衝地となったタイ以外東南アジアの全国家が亡国の憂き目を見たことからも確かだ。

いや、日本だけの話ではない。もしこの日本の奮闘と独立の成功がなかったら欧米のアジア支配は完了、今日も白人による世界支配が安泰であったろうこともほぼ断定的に推定できるのである。

どうして日本がこのような、まさに奇跡を成就しえたのか。それは盤石とみえた徳川幕府の早期打倒、紛乱混迷の中の近代政府基礎固めの疾風のような強行、その土台上への堅固な統一国家の建設という、今から顧みても、よくまあ無事で、とハラハラするような三波にわたる放れ業の連続によってであった。

この放れ業成功のもっとも大きな理由は破壊、基礎固め、建築というまったく質を異にする三事業が、それぞれ質を異にする適切な指導者たちによって遂行されたというところにある。維新の成功は人材が輩出したためだとは、もはや常套句になっているが、それは確かにしても、より重要なのは、この短期間に指導者の交代が見事に成功したという点にあるといわねばならない。

資質を異にする才幹たちのリレープレー

すべての人間にその精神的体質上、みなそれぞれの得手不得手がある。政治的指導者に適合した人間に限っていっても、反逆破壊活動を得意とする者も、樹立早々で緊急不安定期の急速な基礎固めに向いた速決果断な人物も、視野の広い社会構築のような現実的施策に長じた人もいる。

そのどれかにとりわけ秀でた人間ほど個性が強くほかの二方面は不得手であり、

本質的に異なった精神的体質のこの三者を抜きんでた能力でこなすというような超人は存在しない。その三つを何とかこなしうる人間というのは存在したところでそれは要するに無難な人物でしかなく、大事はとうていなしえない。

明治維新のような変革期では、無用か、せいぜい一応有能な吏僚としてそれなりの権力風を吹かせつつ「大過なく」勤めあげることはできるかもしれないが、である。

このことは、戦国大動乱の日本を、信長、秀吉、家康というまったく資質を異にした三人のリレープレーにより、ヨーロッパ諸国と比較しても段違いなほど整序され安定した徳川統一政権へと導いたことを考えてみても明らかであろう。信長なしには秀吉も家康もあり得ず、秀吉なしには家康の成功も考えられない。

それに信長はもちろんのこと秀吉だってより長命していたとしても、途中で破綻（はたん）していた公算はきわめて大きい。いや確実だったとさえいえよう。秀吉の政権だって版図の急速で持続的な拡大を前提として構築されていた、いわば膨張の宿命を内在させていたとみられるからである。

明治維新は戦国時代とちがい、社会も複雑化していて、少数の武将による覇権争いといったものではない。下級武士、大衆を中心とした社会・政治の革命である。

しかも対外危機の急迫がことの最大の原因なのだ。一刻も早く革命を成就、新政権を樹立し、しかもその政権の地盤固めを緊急事とする。悠長なことをやっていたら列強に好餌を与えるだけのこととなろう。考えただけでも肌に粟を生じるような事態だったのである。

まず幕府という無能無策な政権を何が何でも早急に打倒しなければならぬ。そのため攘夷という不可能事を絶叫している熱血の志士たちが立ち上がり、それを成功させた。新政権が成立するや事態は一変、開国文明開化となり、あれほど忌み嫌っていた欧米模倣追随、近代化一途が国是となった。日本中に満ちていた攘夷の怒号は嘘のように消失、荒れ狂っていた人びとの姿もかき消え、あれは白昼夢ではなかったかと思われるようになった。そのシンボルとして白人恐怖症のように攘夷を叫ばれていた孝明天皇もいつの間にか聡明で颯爽たる洋服姿の幼年の明治天皇に変わっていた。

世は突如、開明的で、現実を冷静に直視理解する能力を持った大久保利通らの独裁的で強引な近代政権樹立のための荒業的な基礎作り政治の時代に変わった。廃藩置県から国民徴兵制から義務教育制と……それらを大手術とするなら現在の選挙制の改善や規制緩和の騒ぎなど髪の毛を二、三本抜くほどのものでしかない。

▲護国神社に眠る長州藩士の墓

しかもこの間、観念的あるいは復古を夢想する理想主義者として近代的国家建設という現実路線の障害になる西郷隆盛（さいごうたかもり）ら維新、新政府樹立の大功労者らが、あるいは奸計（かんけい）、あるいは暴力的手段によって消滅させられた。明治十年（一八七七）、基礎固めが終わった時点では当の責任者大久保利通までが暗殺によって、その姿を消していた。

もはや土台がならされ、それまで暗中模索の観があったその上に構築すべき新国家という建物の姿も、視野の中に明確な輪郭を持って認められるようになった。そのとき、最高指導者として登場してきたのは、維新の功労者という錦の御旗を売り物にする、実のところ志士というにはあまりにも志が乏しく、仲間うちには真の信望が薄かった岩倉具視、伊藤博文、山県有朋といった実務的政治家連中である。だが、建設期現実政治には俗物臭がありすぎるほどの人物の方がより適合的なのだ。かれらによって明治二十年前後には、もう日本は列強包囲の中で独立を優に維持しておこなえるだけの一応の近代国家となることに成功していたのである。

非業の死を遂げた人にこそ祝福あれ

明治維新は、このように鮮やかに大変革を成しとげ、日本を滅亡の危機から救った上に近代国家として繁栄の道を切り開いたという意味で奇跡的な大成功をおさめた。それは日本史上、というより世界史的といってよいみごとな国家変革なのだが、当然犠牲も多かった。

とりわけ指導者の交代が完璧なまでにおこなわれたことで、「歴史的使命を果たして倒れた」、つまりその個人にとっていささかもその功に酬いられず非業の死を遂げた人々をあまりにも多く生んだことがいまさらのように嘆じられる。歴史の重さというものに呆然とせざるをえないことの大きな原因の一つもそこにある。坂本龍馬の死もその一典型だといえよう。

龍馬の功績の最大のものは何といっても薩長同盟を成功させたことにある。この二国の同盟なくしては当然維新はありえなかったろう。もちろん同盟は龍馬一人の力によるものではないが、仇敵(きゅうてき)関係にあった二藩が同盟を結ぶというようなことは、龍馬のような人徳と人望を持った人物の懸命の努力がなかったら不可能だったかもしれない。その功績は限りなく大きかったといえよう。

第二の功績は大政奉還を推進、それにも成功したことだが、そこに悲劇の種があった。それは当然佐幕派からの憎悪(ぞうお)をその一身に集中させる結果になったが、問題はこれが勤王、幕府打倒派からも嫌われた行為だったということである。もちろん客観的にみれば大政奉還は佐幕方の抵抗意欲、さらには戦意を萎(な)えさせ、その後の武力平定を大いに容易化したことは疑いない。

しかし、時の当事者としてみれば討幕の目的は幕府だけでなく徳川という日本の支配家、超名門の大大名家を潰すことにある。そんなものが残り、大政は奉還したものの野党としてでもがんばられれば新政権にとってたいへんな邪魔者になる。大政を奉還したのを討伐するというのは大義名分にも欠ける。「龍馬め、公武合体派の山内容堂(やまのうちようどう)の手先となって余計なことをしやがって」という気が勤王派の中に流れたとしても不思議ではない。

それに龍馬は新政権への参加の意志をみせていない。心のせまい連中には、これは龍馬の不満のせい、自分たちへの反抗と映ったであろうことも当然考えられる。龍馬ほどの人間が不満を持って野にいることはまさに虎を野に放つものと考えた者もいるかもしれない。ここに勤王派による龍馬暗殺説が出てくる理由がある。

この説の当否を判定する能力は私にはない。ただいえるのは龍馬ほど広く、遠くを見通す目を持つ天衣無縫の巨人は、西郷隆盛とはちがった意味で、その後の近代小官僚国日本にはどうやら受け容れがたい存在だったとも思える。長命にしても不遇の中に倒れたであろう可能性はかなりある。私としてはその死に対しクリオの冷たい、しかしその方がよいのだよという祝福の微笑が贈られたであろうことにせめて一縷の安堵感を持ちたいところである。

◆

Truth of the hidden history

ユダヤ世界制覇の野望に消された龍馬

太田　龍

龍馬を殺害した意外な集団

龍馬暗殺の謎は、日本国内の要因にとらわれていては決して解けない。それも、日本における、当時の表面的な欧米列強の動きを見るにとどまっていても、何も出てこない。

フリーメーソン（またはメーソン）側の記述（山石太郎著『フリーメーソンは世界を救う』たま出版）を読むと、明治維新（これをメーソンは明治民主革命と称しているが）は、メーソンの日本「解放」作戦である。そしてこの計画は、イギリス系メーソン（駐日代表は長崎のトーマス・グラバー）と、フランス系メーソン（駐日代表は、フランスの駐日公使レオン・ロッシュ）の両建てで実行された、と明記してある。

英系メーソンは討幕派を支援（あるいは操作）し、仏系メーソンは幕府にテコ入れしてこれを手中に入れた。

メーソンの高級指導部の作戦は、討幕派と幕府を長期の内戦の泥沼におとし入れ、日本民族を分裂相剋（そうこく）せしめること、そして次に、めでたく、欧米列強をして日本を分割占領（植民地化）せしめること、と推定できる。

グラバーは、薩摩の小松帯刀（こまつたてわき）を介して坂本龍馬を知り、龍馬をコマの一つとしておおいに使った。

一見、上面（うわつら）だけ見ていると、海援隊とその前後のかれの奔放な活躍ぶりは驚嘆に値するが、真相は、グラバーが（そしてメーソンが、イギリスが）龍馬を、メーソンの計画の一端として使っていたにすぎない。

しかし、龍馬は、その前の時期、幕府海軍の勝海舟に用いられ、海舟と深い縁があった。

このことは、龍馬に、フランス（その背後のメーソン）の策略と謀略の存在に気づかせたかもしれない。

日本は、さしあたり、そのまま欧米の軍事力で占領するには、ユダヤの力が不足している。

ユダヤが日本を植民地化するには、日本を四分五裂させることが必須（ひっす）の条件となる。

かれらのこの謀略にとって、もっとも都合の悪い事態は、攘夷のご意志を堅守する孝明天皇のもとで、「公武合体」ができてしまうことである。

徳川慶喜（よしのぶ）は、欧米列強が日本を内乱に誘いこみ、その隙に日本奪取を狙っていることに勘付き、大政奉還の挙に出た。

龍馬は双手（もろて）を上げて慶喜の挙を支持してしまった。これでは討幕の軍を起こすことができないではないか。英系メーソン（グラバー）は、かれらの手先を操作して、邪魔者と化した龍馬を暗殺せしめたのではないか。

フリーメーソンの魔手が伸びていた明治初期

メーソン側が最近（一九八〇年代）、かれらの機関誌で公表したところによれば、日本人で最初にフリーメーソンに入会した人物は、幕末、幕府によってオランダ留学を命じられた、西周（明治期の有力な学者）、津田真道（のち衆議院副議長など）の二人の留学生であった、という。

しかし、日露戦争当時の外務大臣小村寿太郎は、ついに日本民族多年の宿願、安政不平等条約の最終的な改正に成功するや、フリーメーソンの日本における活動に厳重な監視を加えることとし、また日本人のメーソン加入を禁止した。つまり、小村により、ある程度、日本のメーソンは抑止されたわけだ。

けれども、小村はまもなく病没し、仏系メーソンの色きわめて濃厚な西園寺公望公爵が総理大臣（明治末から大正元年）に就任、日本の国家中枢に、ユダヤ、メーソンの手が入ってしまったようだ。

このために、ユダヤ、メーソンの謀略の研究は、暗黙のうちにタブー視され、今日に至るまで、日本人は、メーソンの真相について何も知らないにひとしい。

著者の手許にはユダヤ、メーソンについての本格的な学問的探究の第一歩を踏みだすことを念願して、純正キリスト教徒の立場からユダヤ、フリーメーソンの陰謀を批評、批判した約二百数十点の英字資料があるが、その中の一冊（「ザ・ユニオン・ジャック」第五列一九八八年、一九〇頁）から、フリーメーソンの階級構造（ザ・メソニック・ピラミッド）の図を次頁に紹介させていただく。

Photo by Mitsuaki Iwago

世間知らずじゃ、勤まらない人へ。

朝日新書

◆ザ・メソニック・ピラミッド

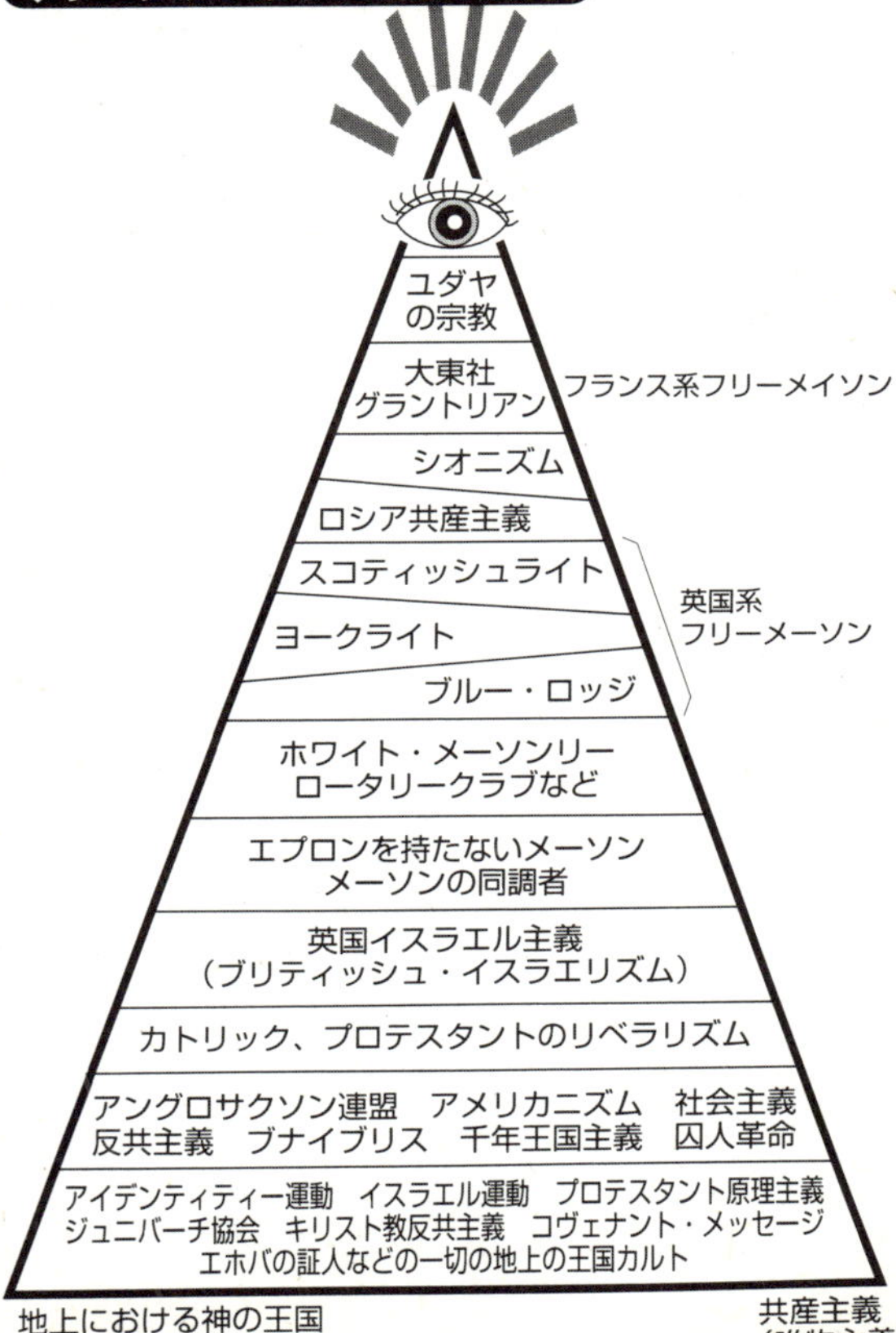
ユダヤの宗教
大東社
グラントリアン
フランス系フリーメイソン
シオニズム
ロシア共産主義
スコティッシュライト
ヨークライト
ブルー・ロッジ
英国系
フリーメーソン
ホワイト・メーソンリー
ロータリークラブなど
エプロンを持たないメーソン
メーソンの同調者
英国イスラエル主義
（ブリティッシュ・イスラエリズム）
カトリック、プロテスタントのリベラリズム
アングロサクソン連盟　アメリカニズム　社会主義
反共主義　ブナイブリス　千年王国主義　囚人革命
アイデンティティー運動　イスラエル運動　プロテスタント原理主義
ジュニバーチ協会　キリスト教反共主義　コヴェナント・メッセージ
エホバの証人などの一切の地上の王国カルト
地上における神の王国
（唯物主義）
共産主義
（唯物主義）

龍馬暗殺の真相は〝内戦の誘発〟にある

前出のフリーメーソンの構造図は、この二、三百年来のユダヤの陰謀（コンスピラシー）の事情に通じないものには、何のことやら、わからない。

もちろん、幕末の日本人の中で、おそらくは最大の情報通であった龍馬も、このような欧米に根を張るユダヤ、メーソンの秘密結社の全体像になど、とても手の届く立場にはない。

けれども、かれは死の直前のある時期、イギリスが薩長にばく大な洋式武器や軍艦を供給すると同時に、フランスが幕府に軍事経済援助を与え、英仏双方が日本の内戦を煽動（せんどう）し、火に油を注ぐ陰謀を推し進めていることに疑念を抱き、日本占領を狙うその背後の黒い勢力に気づいたのではなかろうか。

龍馬暗殺の一年前、慶応（けいおう）二年（一八六六）十二月に、メーソンの手の内に入ったと推定される岩倉具視が、桂小五郎（木戸孝允（きどたかよし））らと（そしておそらくは大久保利通も）共謀して、孝明天皇弑逆（しいぎゃく）の暴挙をあえて決行した、と筆者はみている。

この秘密を、龍馬が知っていたかどうか。

あるいはこの挙に龍馬が関与していたのかどうか。

もっともありうべきケースは、この弑逆事件にはかれは関与せず、しばらく後になって、その秘密を察知した、ということではなかろうか（西郷隆盛も、龍馬と同じ立場であったろう）。

だが、このころすでに、ユダヤ、フリーメーソンの魔の手は、時々刻々、ひそかに、非常な勢いで日本の国家社会の中枢に滲透しつつあった。そしてその構造と構図は、日本民族の視野の外に出てしまっていた。

▲岩倉具視

嘉永六年（一八五三）のペリー米艦隊の来航、いや、その十年ほど以前から欧米艦隊の来日と通商要求以来、日本の政局の推移の主導権は、日本の手を離れて、欧米列強を思うさまに操って、日本をガタガタにゆさぶり、日本を「解放」したユダヤ、フリーメーソンの手に奪われていたのではなかろうか。

嘉永六年から、西南の役まで、わずか二十四年にすぎない。

日本史では、これは幕末から明治初年

だが、世界史では、ロスチャイルド財閥（フランクフルト、ロンドン、パリ、ウィーン、ミラノなど五つに分家されている）がヨーロッパを征服し終わり、アメリカの支配のための布石を打ち（ユダヤ人のみのフリーメーソン組織、ブナイブリスは一八四〇年代にアメリカで設立されている）、インドから中国（清国）へと支配を広げつつあった時代に相当する。

明治維新とちょうど重なるアメリカの南北戦争と戦後のいわゆる「再建期」が、ユダヤ（ロスチャイルド）による、アメリカ乗っ取りのための入念な謀略（しかも、ユダヤの世界征服の全体的戦略と結びつけられた）であったことを、当時も、現在も、日本人は、まったく知らされていない。

ユダヤの謀略に気がついた人びと

幕末の公武合体派と薩長討幕派の葛藤は、平成の代の今日まで、日本の地下水脈を流れている。

「勝てば官軍」で、討幕派が日本の正義、日本の主流、近代日本を建設した功労者であるかのようにつくられているが、はたしてそれでよいのか？

慶喜が大政奉還を申し出たのに、メーソンの手の内で踊る岩倉らは、ニセの討幕の密勅まで出して、無理矢理、徳川を討て、と煽動した。

売られたケンカを買いたくなるのは人情である。

幕府方に、岩倉（ニセ）朝廷側のあまりの横暴にがまんならぬ、このさい、フランスの援助申し出を受けて、薩長と一戦しよう、という空気が出てくることは避けられない。

それこそユダヤ、メーソンの狙いだ。

しかし、慶喜はひたすら恭順し、非抵抗をつらぬき、いかなる無理難題を岩倉（ニセ）朝廷側が持ち出しても、忍の一字を押し通している。

日本民族、神国日本に殉じる、慶喜のこの確たる方針があったればこそ、危ういところで、日本民族は、ユダヤの猛襲に対して、挙国一致、団結を保つことができたのではないだろうか。

もしも慶喜が妄動していれば、すでにあのとき、日本は惨たる亡国の淵に突き落とされていたにちがいない。

薩長討幕派、といっても、実は、この派は、明治元年、またはいわゆる戊辰の役の内戦（それは、最小限の規模に抑制されたが）の渦中で、分裂を始めている。いわずと知れたその一方は西郷党（日本の国体を死守せんとする愛国者）であり、他方は岩倉、大久保、木戸党（ユダヤ、メーソンに取り込まれた一派）である。

どちらが勝つか。

まさに、力のバランスはきわどいところにあったのではなかろうか。

そして、ここで、龍馬が生きていれば、はかりは大きく、西郷＝龍馬＝勝の愛国陣営（ユダヤ、メーソン化していない、という意味）の側に傾いていたのではないか。

ユダヤ、メーソンとその系統の勢力が、あの瞬間に、龍馬暗殺に動くべき動機は十分すぎるほど存在する。

龍馬は、メーソンのふところに飛びこみ、その内幕を知ってしまっているだけに、西郷と龍馬がもしも組むようなことがあれば、日本民族はこの時点で、ユダヤ、メーソンに的確な反撃を始めえたであろう。

◆

Truth of the hidden history

近代篇

日米決戦は庶民の娯楽にまで波及する総力戦だった。窮地に立たされし者に残るのは神頼みのみ。

Truth of the hidden history

日米映画大戦
東宝大泉撮影所vsユニバーサルスタジオ

加瀬一郎

B-29vs零戦の代理戦争

太平洋戦争末期の本土上空では、アメリカの爆撃機B-29と日本の零戦との死闘が繰り広げられた。その戦いの陰で、映画技術を用いた暗闘があったことはあまり語られることがない。B-29と零戦の戦いは、日本の東宝撮影所とハリウッド・ユニバーサル撮影所（スタジオ）との激突でもあった。

もともと飛行機と映画は、一卵性双生児のような存在で、両者はともに一八八六年に発明されて、同じように発達したものである。

飛行機は民間と軍事の二方面で成長し、第二次世界大戦では空軍力が勝敗の帰趨(きすう)を決するまでにいたった。映画もまた同じく、大衆娯楽としてのみならず、軍事技術として大いに利用されていたのである。

あまり戦史家は注目しないが、この隠された映画技術の利用は、今日のハイテク軍事技術につながる重要な出来事だった。

映画の撮影機を回すことを英語で「シュート」というが、むろん「射撃」という意味である。映画には武器としての本性が、発明された初期から潜在していたともいえる。それを開花させたのが太平洋戦争での航空戦だった。

しかも映画の軍事利用についての日米の違いは、そのまま彼我(ひが)の戦争観の違いにもつながるもので、しょせん戦争文化を反映するものである。

日本独自の映画の軍事利用

ここに一つの謎がある――。

昭和十六年十二月八日、日本の連合艦隊はアメリカのハワイ真珠湾基地を奇襲して、見事な戦果を挙げた。

不思議なことに、この華々しい緒戦の勝利を記録した映画が日本側にはほとんど

▲真珠湾を奇襲すべく単冠湾に集結する連合艦隊

ないに等しい。今日知られているのは、黎明に真珠湾に向けて空母赤城を飛び立つ攻撃機の姿と、炎上する真珠湾を遠望した映像などの数カットである。

終戦後に日本の記録フィルムを押収したアメリカは、ハワイ真珠湾攻撃の映像があまりにも少ないことに首をかしげたほどだった。

この戦いに完敗したアメリカ側でさえ、その直後に記録映画班を送り込んで、〝リメンバー・パールハーバー〟を宣伝する映画を製作していたのに、である。

なぜ、日本は奇襲作戦の成果を記録映画に撮影しなかったのか。理由を探ると、日本独自の映画観とその軍事利用感覚にたどりつくことになる。

当時の大本営海軍報道部の浜田昇一少佐がこう証言している。

「開戦前から真珠湾攻撃の記録映画の撮影は困難だと考えていた」

真珠湾奇襲の記録映画は、撮影条件の悪さなどで、当初から諦めていたのである。さりとて映画に記録する気がなかったわけではない。海軍の頭にあったのは、「特殊撮影」である。海軍報道部の浜田少佐は、開戦前から東宝東京撮影所の特殊技術課長の円谷英二に注目していた。特殊技術とは今日の特殊撮影（特撮）で、課長の円谷は後に『ゴジラ』を生み出した特撮の生みの親である。すでにミニチュアを使って、特撮で迫力ある空中戦を撮影していた。当時、東宝の助監督だった本多猪四郎が回想してこう語る。

「すでに戦闘機同士の遭遇戦はスピードが早すぎて撮影不可能であった。苦心惨憺の末に撮影したラッシュには二コマか三コマに虻のような染みが二個ついているだけであった。そこで本領発揮したのが特撮である。スクリーン上には虻二匹の実写よりも、よりスリリングな空中戦を作り出している」

海軍報道部は当初から、真珠湾奇襲成功の記録映画の代わりに、迫力ある特撮による再現シーンを選んでいたのである。

開戦の日――ハワイ真珠湾攻撃の日――はやくも海軍報道部は円谷を呼び出して、ハワイ真珠湾攻撃を特撮で再現することを依頼した。海軍にとって映画は、実写も再現ドラマもさして差のあるものではなかったようである。

海軍は映画を現実の代用品として利用

年が明けて昭和十七年一月、海軍省から正式に東宝に命令が出た。

「日米開戦一周年記念として『ハワイ・マレー沖海戦』を製作せよ」

こうして製作費七十万円、山本嘉次郎監督、特殊技術円谷英二、東宝映画総動員の超スペクタクル大作『ハワイ・マレー沖海戦』の製作が開始された。予科練習生を主人公とした劇映画だが、クライマックスはハワイ真珠湾攻撃と、その二日後のマレー沖海戦である。これが海軍報道部にとって、記録映画の代用であることはいうまでもない。


東宝の砧(きぬた)撮影所内に四〇〇分の一の真珠湾のミニチュア・セットが作られたが、その広さは一八〇〇坪もあった。その上をピアノ戦で吊るされた零戦や九七艦攻が飛び交い、戦艦アリゾナのミニチュアに魚雷が命中して三メートルの水柱が噴き上がる。これをクレーンに載ったカメラが毎秒二四〇コマの高速度撮影でとらえた。

▲東宝映画「ハワイ・マレー沖海戦」より

攻撃機のパイロットの視線で撮影した一〇倍のスローモーション映像は、記録映画よりもはるかに迫力があって、真に迫るものがあった。この手法は今日でも使われている。この映画を小学生の時に見た山本明は、その特撮のできばえを回想して、

「とくに攻撃機の編隊がオアフ島の山あいを真珠湾に向かって飛ぶシーンなどは、リアルなもので、ハワイにロケするはずはないとわかっていながらも、こんなシーンをどうして撮影したのだろうと、戦後も不思議だった」

と記している。山本は後に同志社大学でマスコミ論の教授となるが、それほど聡明（そうめい）な少年をして不思議がらせたほどの

できばえだった。このトリック撮影の効果こそ海軍の狙いである。

東宝プロデューサーの田中友幸も、

「『ハワイ・マレー沖海戦』は世間に向けて、特撮だ、と言わなかった。あれは本物だよ、と言っていた」

と語っている。虚構と記録の混同。海軍は映画を現実の代用品として利用したのである。

パイロットの視点から撮影した特撮のリアルな効果は、戦争の後期になると、さらに軍によって意外な使われ方をすることになる。現実の代用品として——。

映画による飛行・戦技シミュレーター

太平洋戦争の後半、海軍航空隊はパイロットの不足に悩まされつづけた。開戦以来のベテラン・パイロットが次々と戦死し、パイロットの養成が追いつかなくなったのである。

パイロット不足を埋めるために、航空要員を増大したが、その養成に時間がかかり、加えて航空燃料不足が追い打ちをかけた。その結果、昭和十八年になると、パイロットの養成期間を短縮し、さらに実機での飛行訓練時間を削減した。地上訓練を増やしたのである。

防衛庁戦史室編『海軍航空概史』によれば、それまで教官とともに空中でおこなっていた訓練を、できる限り地上施設でおこなうことにした。飛行機の計器操作の訓練は、自転車に乗って、大声で復唱しながらおこなう。着陸の訓練は、鉄塔から地上まで張られたワイヤーにゴンドラを吊り下げておこなわれた。ゴンドラに訓練生が乗って、地上に滑り降りながら、その間に着陸操作の真似を繰り返したのである。

その光景は今から思うと、ほとんど子供の遊びを連想させるが、地上で飛行操作の手順をカラダで覚えてから練習機に乗り込むことは、それなりに訓練期間の短縮に効果があったと思われる。

しかし問題は、実際の戦闘訓練をする時間だった。燃料不足は、雷撃戦や空中戦などの戦技訓練をする余裕を与えなかった。そのとき海軍航空本部の関係者の頭を『ハワイ・マレー沖海戦』がよぎったのかもしれない。海軍が採用したのは、「特撮」だからである。東宝の砧撮影所の敷地内に「航空教育資料製作所」というのがあった。円谷英二が率いる特撮専用のスタジオで、そこでパイロットの訓練に用いる特撮映画を製作させた。

所内には『ハワイ・マレー沖海戦』の撮影に使ったプールがあり、ここに一メートル八〇センチのアメリカ軍艦の模型を浮かべて、それを攻撃する場面をクレーンに据えたカメラで撮影した。攻撃機がさまざまな角度と速度で敵艦に接近する模様をミニチュアを使った特撮でリアルに撮影したのである。

そのフィルムをパイロットが見ると、画面を通じて敵艦への雷撃や爆撃を疑似体験できるようにできていた。映画による飛行シミュレーター、もしくは戦技シミュレーターの発想である。

大戦末期の海軍パイロットは、この航空教育資料、つまり映画による代用訓練だけで戦闘技術を学んで、戦場に飛び立った。その訓練成果はいかなるものだったか――。

昭和十九年十月、台湾をめぐって日米の大航空戦が展開した。戦史にいう「台湾沖航空戦」である。

十月十二日、ミッチャー提督率いる第三八機動部隊の艦載機が台湾に向けて発進した。この報に接した福留繁中将は、第六基地航空隊の零戦二三〇機を迎撃のために飛ばした。福留は戦闘指揮所に登って、この空中戦の始終を見つめた。大空の果てにアメリカ艦載機の編隊が見えはじめると、上空高くから迎撃の零戦が真っ逆さまに降下して襲いかかった。敵編隊の中で次々と爆発の閃光が走り、長い黒煙が尾を引いた。福留は思わず、

「よくやった、でかしたぞ！」

と拍手したが、よく見ると敵の編隊は崩れずに来襲してくる。次々と墜落していくのは、敵機ではなく迎撃の零戦だったのである。

第一撃で迎撃機の三分の一が撃墜され、第二撃で残りの三分の二が落とされた。福留中将が第三派目の迎撃機を出撃させようとしたときには、すでにその日に飛び立てる零戦は残っていなかった。戦史家のジョン・トーランドは、このとき出撃した日本の若いパイロットについて次のように書いている。

「(日本の)若いパイロットの多くは、戦闘技術を映画で学んだだけだった」

これが日本海軍航空隊が採用した特撮によるパイロット訓練の結果だった。アメリカでパイロット用の交戦訓練シミュレーターが実用化したのは、この先駆的な悲劇の三十年後のことになる。

このパイロット訓練用シミュレーター・システムからダイクストラフレックス・カメラが生まれた。映画『スター・ウォーズ』の撮影用に開発されたカメラでもあ

る。東宝砧撮影所の円谷の夢は、戦争をくぐりぬけて次の世代のハリウッドで完成したのである。

映画を戦術システムの一つとしたアメリカ

東宝砧撮影所が特撮をしているころ、アメリカのハリウッドでもパイロットのために特撮がおこなわれていた。それはトップ・シークレットの「プロジェクト一五二」と呼ばれる作戦で、ハリウッドのMGMスタジオで壮大なミニチュアを作っての特撮作戦である。

昭和十九年十一月一日、よく晴れた東京の空に久しぶりに空襲警報が鳴り響いた。人々が空を見上げると、群青(ぐんじょう)の空に一機の飛行機が、長い飛行機雲を引いて銀色に輝いていた。高射砲の弾幕が空に浮いたが、それを睥睨(へいげい)しながら機は帝都の空をゆっくりと横断して飛び去った。関東地区の人々が初めて見たアメリカの爆撃機B-29スーパー・フォートレス（超空の要塞(ようさい)）の姿である。B-29はその後、五日と七日に単独で帝都の高空を飛行したが、それから二週間は何事もなく過ぎた。単独で飛来したB-29は撮影任務のための飛行だった。

その航空写真をもとに、ハリウッドでは「プロジェクト一五二」作戦で、映画人が特撮に追われていた。この作戦を伝えるアメリカのニュース映画は、「映画の魔術、日本攻撃を助ける」と題して、「ハリウッドの映画スタジオで極秘の作戦が進んでいる。映画の魔術でB-29の爆撃目標を明示するものである」とナレーションは解説する。

このハリウッドの作戦は、昭和十九年十一月二十四日から始まるB-29による東京大空襲のためのものだった。

B-29から撮影した東京周辺の航空写真を、そっくりそのまま模型で再現したのである。場所はカルヴァー・シティのMGM撮影所で、ここは『風と共に去りぬ』で知られる巨大なステージを持ち、映画作りのあらゆる才能が集まっている最高のスタジオだった。

このスタジオの床一面に東京周辺の巨大なミニチュアが作られて、地形はもちろんのこと個々の工場や建物も一つ一つ再現されていた。

この巨大な関東平野の模型の上を、映画カメラがB-29のパイロットの目で移動しながら撮影した。照明は爆撃時刻の太陽光線に合わせてあり、カメラの移動速度はB-29の速度に合わせてあるのはいうまでもない。

B-29の乗組員は、出撃前にこの特撮映画で東京上空を見て、爆撃目標がどのように見えるかを確認したのである。

昭和十九年十一月二十四日、マリアナの基地を飛び立ったB-29一一一機は、初の東京空襲をおこなった。この日からおよそ四カ月間にわたって、東京周辺の軍事工場は連日のようにB-29からの爆撃にさらされることになる。

B-29は日本の高射砲と迎撃戦闘機を避けて、一万メートルの高高度で飛来し、爆撃手がノルデン照準機を使って肉眼で攻撃目標を探し、爆撃した。高高度にもかかわらず、見事に「精密爆撃」をやってのけたが、その陰にはハリウッド製の特撮フィルムがあったのである。

かくて日本もアメリカも特撮を軍事目的に利用したが、そこには微妙な違いを見ることができる。東宝撮影所の特撮はその実写を超える迫力からパイロットの戦技訓練の代用となったが、ハリウッド製特撮は攻撃目標の「情報」として利用された。アメリカは映画を戦術システムに組み込んだのである。

今日の軍事システムは、映像技術と航空機技術が組み合わされて数々のハイテク兵器を生み出している。その萌芽(ほうが)は太平洋戦争の日米パイロット用の特撮戦に見ることができる。

おしまいに映画と戦闘機の結びつきを象徴する映画カメラを記しておく。「スパース・カメラ」と呼ばれるもので、対空追跡レーダー・システムを組み込んだカメラで、どのように高速で動く被写体も正確に追尾して撮影する。低空飛行するジェット機のパイロットの顔をズームレンズで撮りつづけることができるのである。◆

――左記の書を参考引用させていただきました。
田中友幸監修『東宝特撮全史』（東宝株式会社出版事業室）
『講座日本映画④』「戦争と映画」（岩波書店）
清水晶、ウィリアム・T・マーフィーほか『日本映画戦』（青弓社）
ポール・ヴィリリオ『戦争と映画』（UPU）
平井輝章『実録・日本映画の誕生』（フィルムアート社）
デイヴィット・チエル、マイクロソフトプレス編、鶴岡雄二訳『実録！　スーパー映画人』（アスキー出版局）
エドガール・モラン、杉山光信訳『映画／想像の中の人間』（みすず書房）
防衛庁戦史室編『海軍航空概史』（朝雲新聞社）
ジョン・トーランド、毎日新聞社訳『大日本帝国の興亡』（ハヤカワ文庫）

Truth of the hidden history

無敵零戦神話の後継機

戸並耕平

零戦に背負わされた重荷

昭和十五年（一九四〇）の夏から、まる五年にわたって海軍主力戦闘機の座を占め続けた零戦は、八方美人的な性格より、単発単座戦闘機がはたすべき二つの役割に用いられ続けた。

すなわち、敵戦闘機を圧倒して空域を支配する、本来の任務の制空戦闘機（昭和十八年から甲戦（こうせん）と呼んだ）と、侵入する爆撃機をたたき落とす、副次的任務の迎撃戦闘機（同じく乙戦（おっせん）と呼んだ）である。

零戦の後継に、どんな制空戦闘機と迎撃戦闘機が企画され、開発されたのか。その理由と内容を調べていけば、海軍航空の性格と日本の航空工業の実力が浮かび上がってくるだろう。

「烈風」の三重苦

零戦の〝正統〟な後継機が、同じ三菱の同じ設計チームが手がけた一七試艦上戦闘機「烈風（れっぷう）」なのは言うまでもない。反発しあう諸性能を、できる限りバランスよく兼備する「スーパー零戦」が航空本部のねらいだった。

しかし、大きな期待を寄せられたにもかかわらず、試作機八機が完成したにすぎず、実戦参加からはるか遠い状態で敗戦を迎えた。「零戦の再来」をはばんだ、三つの要素が存在したためだ。

その第一は、試作着手のずれこみである。そもそも昭和十五年末に試作の内示がなされ、十六年の早いうちに設計にかかるはずが、十七年四月へと一年四カ月もずれこんでしまった。

試作指示から制式採用にいたるまで、九六艦戦で二年、零戦で三年かかっている。飛行機の高性能化につれて、このインターバルは広がるのがふつうだから、「烈風」

は三、四年を要すると見ねばならない。敵の新鋭機の出現を考えれば、十六年初めの試作開始がリミットだった。

遅延の主因は、設計主務の堀越二郎技師と曽根嘉年技師の休養である。一二試艦戦（零戦）に引き続いての一四試局地戦闘機「雷電」の設計が、二人の過労を招いたのだ。主将と副将が倒れては「烈風」の作業進展は無理、と航空本部もあっさり折れた。零戦の活躍が予想以上で、「敵機おそるるに足らず」の自負が強まっていたためだ。

結局は大した戦果をあげられなかった「雷電」の試作を、やめるか他社へまわしていたなら、早ければ十七年秋、遅くとも十八年初めには「烈風」試作一号機の機体ができていただろう。

けれどもエンジンは、そうはいかない。二種の候補は、離昇出力二〇〇〇馬力のコンパクトな中島製ハ四五（のちの「誉」）と、やや大型で二二〇〇馬力の三菱製ハ四三。航空本部は、まもなく生産に入る状態にあったハ四五の実績を買い、堀越チームはきびしい要求性能をこなしうるハ四三を望んだ。

発注主の意向にはさからえず、エンジンはハ四五に決定。ここに用兵側の運動性重視の要望が加わって、十九年四月に完成した試作一号機は、艦攻なみの大きな機体に小さな「誉」エンジンを付けた。アンバランスな姿になった。そのうえ、この「誉」が低出力の粗製品ときては、予定性能を出せるはずはなく、零戦五二型にすら及ばない悲惨なテスト飛行に終わった。

あきらめきれない三菱側は許可を得て、十月にハ四三に換装してテストをやり直す。ようやく機体と動力がマッチした「烈風」の最大速度は七〇キロちかく速い六二四キロ／時、高度六〇〇〇メートルまで四分も短い六分へと、飛躍的な向上をみた。

単純に考えれば、航空本部のエンジン選定ミスに帰結する。だが、もし当初からハ四三を選んでいても、大きなネックが存在した。試運転で予定出力に達したのが、ようやく一八年の秋。敗戦時までにこのエンジンを付けられた量産機は、陸海軍を通じてゼロという事実から、「烈風」の量産にまにあわず、の結論が引き出せる。これが二つ目の障害だ。

三つ目は、そのあとに三菱の主力工場のある名古屋を襲った、東南海大地震とB-29の大規模爆撃である。

遅れに遅れた「烈風」の開発スケジュールは、天と地からのダメージでとどめを刺された。

以上のマイナス要素から、一九年中に「烈風」の部隊配属にこぎつけられた可能性は、よほど甘い「イフ」を用意しないと生まれてこない。あえてそれらの条件をのんだとして、米戦闘機に対する評価はどんなものだったろうか。

搭乗員の技量レベルが低下していたこの時期でも、相手が同数のF6F「ヘルキャット」、F4U「コルセア」なら互角以上、六対四、ときには七対三に近い有利な空戦ができたかもしれない。P-51「マスタング」とは、五分五分がいいところだろう。

実戦参加の時期を一年ずらして昭和二十年にすると、ワンポイントずつ「烈風」が不利になる。F8F「ベアキャット」には対P-51並に苦戦し、バックグラウンドの不利がいっそう進んで、勝利への扉はほとんど閉ざされてしまう。

消え去った「陣風」

一七試艦戦と対になる一七試陸上戦闘機は、飛行艇・水上機メーカーの川西航空機に試作が命じられた。同社はすでに局地戦闘機「紫電（しでん）」の試作を進めていたから、陸上機の任務は、高空性能を向上させるであろう敵の新鋭戦闘機を撃ち破って、制空権を確保することで、高々度甲戦とも呼びうる機種だった。

◆一八試甲戦闘機試製「陣風」

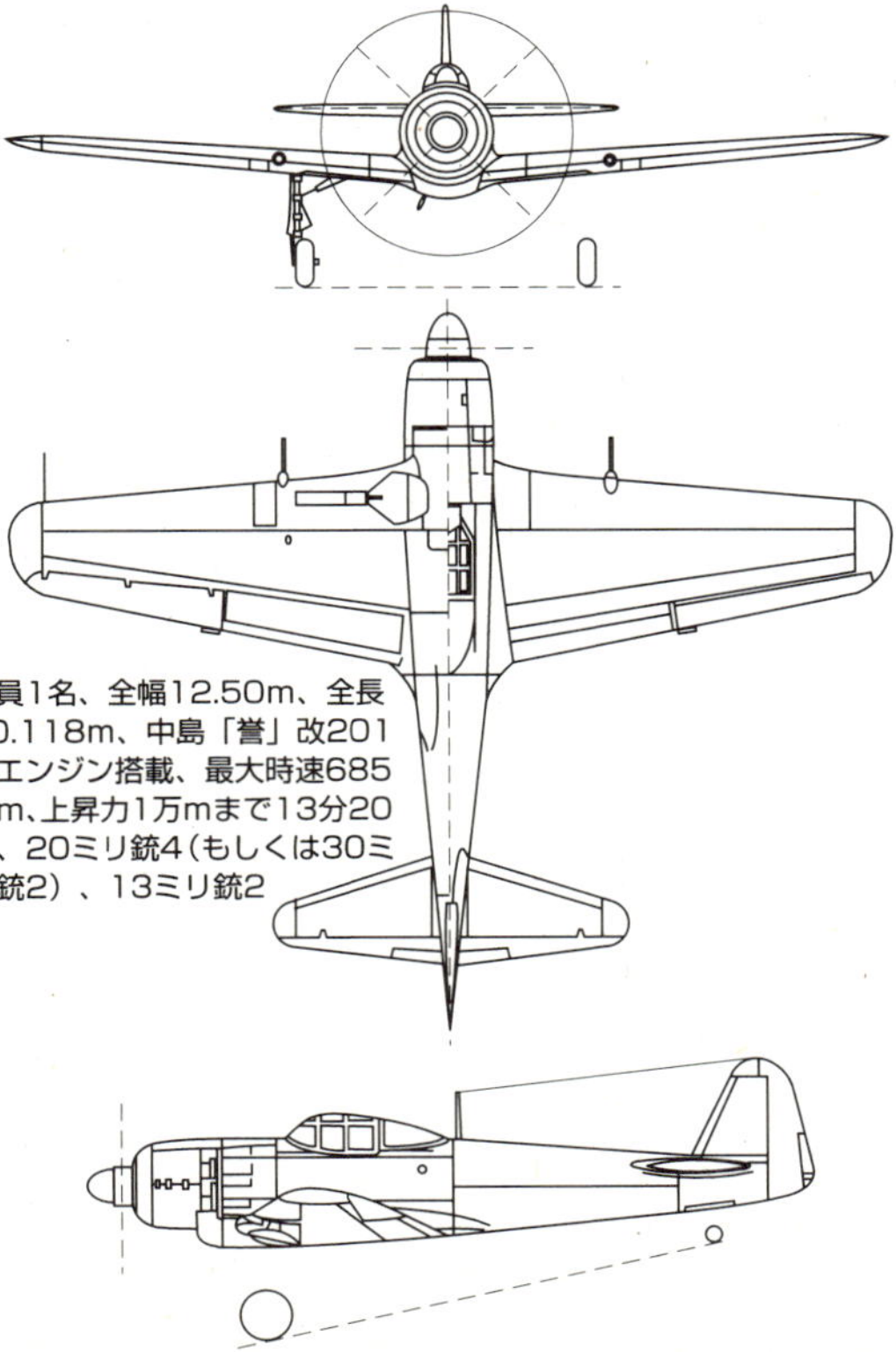

乗員1名、全幅12.50m、全長10.118m、中島「誉」改201型エンジン搭載、最大時速685km、上昇力1万mまで13分20秒、20ミリ銃4（もしくは30ミリ銃2）、13ミリ銃2

高々度戦闘機の死命を制するのは、希薄な酸素でも十分に力を出せる動力の存在である。高空用のエンジンさえあれば、機体のほうはどうにでも対処できると言っていい。

川西では小型・高出力の中島「誉」の高空用を望んだが、航空本部は過給機の扇車を無段階変速にした三菱ハ四三を指定した。ちょうど「烈風」の場合と逆で、一七試陸戦への期待度の低さをうかがわせる。

肝心のエンジンが、扇車駆動システムの流体接手に手こずり、予定性能にも達しなかったため、昭和十八年の初めに開発はいったん中断された。良好な高空用エンジンが現われるのを待つわけである。

「誉」エンジンに二段二速の過給機を付けた高々度型が、製造可能と判断された十八年夏、計画はよみがえり、こんどは一八試甲戦「陣風（じんぷう）」の名で開発作業を再開した。用兵側は欲ばって武装を二〇ミリ機銃四挺、一三・二ミリ機銃二挺に強化し、高度一万メートルで六八五キロ／時の最大速度、実用上昇限度一万三六〇〇メートル、航続力五時間というでたらめな高性能を突きつけた。

高度一万メートルで一六〇〇馬力の「誉」高々度型すら実現困難（完成できず）な日本の技術水準なのに、この漫画のような数字をこなせるエンジンがあるはずなく、十九年十月の整理機種に含まれて、「陣風」は一機も作られることなく消えていった。

唯一の本格乙戦「雷電」

昭和十七年二月に試作一号機が完成した一四試局地戦闘機は、海軍が装備した初めての迎撃戦闘機であり、純粋に乙戦として使われたただ一つの機材だった。十九年秋以降、本土上空でB-29を、ボルネオ上空でB-24を相手に迎撃戦を展開し、対戦闘機の空戦はできるだけ避けた。運動性に乏しく、捕捉のための機動をこなしきれないからだ。一見、零戦との直接的なかかわりが薄そうな「雷電」だが、試作機時代に二カ所で相互に連係する。

一つは十八年の夏、一撃をかけて逃げる敵戦闘機に悩まされていたラバウルからもたらされた、試作「雷電」の進出の要望である。零戦では追いつけなくても「雷電」の速度と上昇力なら対処可能と判断されたためで、まず実用実験を受け持つ横須賀航空隊が賛同。ついで軍令部も了承して進出準備が進められた。

結局、ラバウル放棄の方針が決まって、進出は沙汰やみになったが、この用法は明らかに「雷電」をポスト零戦とみなしたものである。

もう一つはまったく正反対で、零戦がポスト「雷電」の立場に置かれたこと。振動や視界不良の問題が長びいて、十八年に入っても量産化と第一線配備のメドが立ちがたい「雷電」のかわりに、三菱での生産を減らすはずだった零線に、より迎撃戦闘任務に適した改修をほどこす処置をとった。これが、単排気管化と主翼幅の縮小で速度向上をはかった零戦五二型である。

このあと「雷電」の生産が少しずつ進み、局地防空部隊に配備されて重爆を迎撃し続ける。しかし故障の頻発は続いて、その可動率はせいぜい五、六割にすぎず、この程度の機材すら確実なものを生産しきれない日本の航空工業力の低い水準を示す格好の例になってしまった。

「紫電」ダブル変身

川西が飛行艇・水上機の専門メーカーから脱皮すべく、試作中の水上戦闘機「強風」を改造する迎撃機案を航空本部に提示。これが容れられて、昭和十六年末に仮称一号局地戦闘機の開発が決まった。「雷電」の開発がトラブル続きでもたついていたのが、追い風になったのだ。

ちょうど一年後に試作機が完成したが、不慣れな陸上機のうえ、水戦からの改造という無理が重なり、長い脚やプロペラ、新エンジン「誉」の不具合などが続出した。それでも十八年八月に「紫電」一一型として兵器に採用された（制式採用は十九年十月）のは、乙戦「雷電」と甲戦「烈風」の両方のピンチヒッターに使えると判断されたからだ。

「雷電」は十年末から使用可能な状態に移行したが、「烈風」はいっこうに登場してこない。そこで本来は乙戦のはずの「紫電」は、零戦五二型よりいくらか速い速度と二〇ミリ機銃四挺の強武装、それに新案の自動空戦フラップを用いての比較的良好な空戦性能を買われ、ポスト零戦の役目を臨時にになって、おもに準甲戦的な戦いに投入された。フィリピン、ついで本土上空における対戦闘機空戦がそれである。

エンジンと機体のトラブルに悩まされ、つねに数の劣勢を余儀なくされた「紫電」一一型には、目のさめるような勝利の記録はないが、用途を乙戦から甲戦にスライドさせた〝第一の変身〟は、あながち失敗とは言えなかった。

この間に「紫電」の〝第二の変身〟が進められていた。十八年三月の試作指示によって始まった、全面的な機体改造である。年末に試作一号機が完成した仮称一号局地戦闘機改は、中翼配置の主翼が低翼式に変わって主脚が縮み、「誉」エンジンに合わせて胴体幅が削られるなど、ほとんど別機に近いスタイルに生まれ変わった。

通称を「紫電改」「J改」と呼ばれたこの「紫電」二一型をフル装備したただ一つの部隊・第三四三航空隊の、二十年三月からの奮戦は名高い。初回十九日の豊後水道上空の戦いでは、四三機が「紫電」一一型十一機とともに出撃して、F6F、F4Uが主体の敵五二機撃墜の大戦果を記録した。

だが、戦果には誤認と重複が付きもので、実際の撃墜数は失った「紫電改」の十五機をいくらか上まわる程度だったと思われる。それでも、敗北続きの航空戦の中では、海軍戦闘機隊の健在を敵に示した勝利と言えよう。

機体のリファインによって、「紫電」一一型に比べ一〇キロ増の五九四キロ／時の最大速度、いちだんと向上した視界と運動性は、搭乗員たちに「『紫電改』に比べれば零戦はオモチャ」とまで言わせたほどだ。いまだに現われない「烈風」の座を奪ってしまい、艦上機型の開発も行なわれたほどだった。

本来の用途のB-29迎撃にも使われ、三四三空のほかに横須賀空の数機も関東の防空戦に従事した。しかし、打ち続く空襲に工場を焼かれて補充が続かず、可動機は出撃のつど減少して、ジリ貧状態のまま敗戦を迎えた。

「紫電改」は本土上空の局限された空域では、確かに零戦より有効だった。ただし、三四三空の活動に目のくらんだ過大な評価が多く、真の実力はグラマンF6Fと互角のレベルだったと思われる。

名は体を表わす「閃電」

P-38「ライトニング」のような双胴式をとり、中央の胴体の後方に推進式にエンジン一基を装備した、奇妙な形状の一七試局地戦闘機「閃電（せんでん）」は、三〇ミリ機銃一挺と二〇ミリ機銃二挺を積んで、七六〇キロ／時の最大速度を発揮する夢の迎撃戦闘機だった。

もちろん紙の上の計算によるデータであり、現実には風洞測定用の模型と機体の一部のモックアップが作られただけで、一九年一〇月に整理機種に含まれてしまった。

高空用のハ四三エンジンの不成功、機体リサーチの不十分など、失敗の要因はいくつもあり、三菱きってのユニークな試作機は、名前のとおり、一瞬きらめいただけで消滅した。

こうした変則機をものにするには、確固たる基礎研究と抜群の工業力が不可欠で、そのどちらも日本には備わっていなかったのだ。

「秋水」は自滅機

昭和十九年七月に潜水艦でドイツから運んできたメッサーシュミットＭｅ１６３Ｂの資料をもとに、機体を海軍と三菱、動力を陸軍と三菱が主になって開発した局地戦闘機「秋水」は、日本軍の期待を一身に集めた。

理由は性能データを見れば歴然だ。通常のレシプロ戦闘機なら一時間ちかくもかかる高度一万メートルへ、わずか三分半で上昇でき、水平飛行時の最大速度は九〇〇キロ／時に達する。これに三〇ミリ機銃二挺を付けてＢ-29の大群に放てば、やすやすと撃墜可能と考えられていたからだ。しかも簡易な工場で生産できる。

驚異的な高性能を生む動力はロケットエンジンである。二トンもの燃料は、高度一万メートルに上昇後、一、二分で燃えつきてしまい、あとはグライダーになって滑空で降りてくる。早い話が、打ち上げ花火に近い。

こんな短時間のうちに、Ｂ-29に有効な攻撃をかけうる機動をどうやってとるのか。基地への帰投のさい襲いかかるであろうＰ-51から、滑空で逃げきれるのか。ソリで確実に降着（車輪は離陸後に投棄）させうる伎倆（ぎりょう）の搭乗員がそろうのか。膨大な量の化学燃料を生産する工場と、貯めておける場所があるのか。

いくつもの難題に目をつむり、試作機の開発と訓練用滑空機の製作が、精力的に進められた。

一号機は二十年六月に完成し、翌月、横須賀の追浜（おっぱま）基地で試飛行が実施された。だが、燃料タンクの設計不備や飛行場のせまさが災いして、「秋水」墜落、搭乗の犬塚豊彦大尉は殉職（じゅんしょく）した。

陸海軍が立てた、九月までに一二〇〇機の量産計画は画餅（がへい）として、仮に数十機が作られて実戦に参加していたら、大事故の続出でたちまち自滅の道をたどったに違いない。唯一Ｍｅ１６３を実用したドイツ空軍第４００戦闘航空団の戦果より損失がはるかに多い結果が、それを裏付けている。

「震電」は戦力足りえたか?

戦勢がおとろえていく昭和十八年、航空本部は航空優勢を得るために、四種の一八試局地戦闘機の開発を決めた。そのうち、群を抜いて特異な形状を示したのが、局地戦闘機「震電（しんでん）」である。

主翼と推進式エンジンを後方に配置し、機首部に小さな前翼を付けた、エンテ型と称する変則構造の設計を行なったのは、操縦もできる航空技術廠の飛行部部員・

▲局地戦闘機「震電」

鶴野正敬技術大尉。

エンテ型の戦闘機の利点は、胴体後部をなくし、主翼を小型化できて軽量な機体を作れること、後方に障害物がないためプロペラ効率が高いこと、機首に大口径機銃を集中装備できること、前方視界がいいこと、などが挙げられる。

一八年六月に開発が決まった「震電」の機体製作会社は、三菱や中島が手いっぱいのため、小規模の九州飛行機に決まった。

戦闘機を作るのは航空技術者の夢だ。九飛では総力をあげて「震電」に取り組み、補強材の少ないスッキリした機体構造、特殊で有効なエンジン装着法、複雑な仕組みの前翼、三種の翼型を用いた主翼などを、鶴野部員の指導を受けて具体化していった。

空襲に妨げられながらも、二十年六月に試作一号機が完成。七月に鶴野部員みずから滑走テストを行なったのち、八月上旬に三回の試飛行を九飛のパイロットが実施して敗戦を迎えた。飛行は脚を出したままの十五分ずつで、トルクの反作用による右傾がめだった。

「震電」の計算上の最大速度は七四一キロ／時、高度八〇〇〇メートルまで一〇分四〇秒で駆け昇り、四挺の三〇ミリ機銃で超重爆に痛打を浴びせるはずだった。

けれども、装備エンジンのハ四三に故障が多発し、機体も改修を要する部分がいくつもあった。もし空襲がない有利な状態だったとしても、量産機の部隊配備にこぎつけるまでに、まだ二年はかかったはずである。「B-29に二撃を与えうる高速乙戦・震電」は、どう見積もってみても戦争にまにあう機材ではなかった。

無敵神話を継ぐ機体（もの）

連合軍側の兵力と兵器をそのまま据え置いて、日本海軍にだけ好都合な「イフ」が許されるとすれば、歴史の最小の手直しでより有効な変化が得られるのは、どの部分だろうか。

陳腐なようだが、それはやはり「烈風」の部隊配備につきる。一六試艦戦として昭和十六年早々に開発に着手すれば、十九年のなかばには部隊配備を実現できたに違いない。それが春のうちなら、史上最大の空母決戦・マリアナ沖開戦にまにあって、F6Fを圧倒するシーンにつながった可能性も出てくる。

翼面荷重が低く、操縦特性にクセのない「烈風」が「紫電改」より乗りやすいのは確実で、若年搭乗員でも楽にこなせたはずである。これは、ベテランが激減し、必要な搭乗員数が増加の一途をたどる戦争の後半期には、見逃せない大きな利点なのだ。

「烈風」実戦参加の第一条件になるのが、三菱のハ四三エンジンの早期実用化と量産化である。これさえクリアーできるなら、他のトラブルは克服可能なものばかりだ。しかし、残念ながら可能性の度合いはかなり低い。

エンジンこそは工業力の一大指標である。ラフに扱っても確実に動く優秀な二〇〇〇馬力級エンジンをものにできなかった日本に、救国の回天兵器が登場しなかったのは、宜なるかなと言うべきだろう。

◆

Truth of the hidden history

ルーズベルト、チャーチル呪殺計画

荒俣　宏

呪詛調伏作戦発令

日本の戦運がかたむきはじめ、大東亜建設の夢がすこしずつ悪夢にかわり出した昭和十九年八月二十八日月曜日、内務大臣の名をもって全国の神社に、次のような訓令が発せられた。

今や戦局まことに重大なり、神明奉仕の職にあたる者いよいよ職務に奮励し驕敵（きょうてき）の一挙撃滅を訴願すべし驕敵——つまり、おごりたかぶる敵というのは、鬼畜米英をさしている。内務大臣が全国の神社に出した訓令とは、要するに、米英が滅びるよういっせいに祈禱せよ、というおそるべきものだった。

もちろん、米英の撃滅を祈願する具体的な方法のなかには、それぞれの国の指導者を呪殺、あるいは調伏（こらしめること）することもふくまれていた。八月二十八日の夜は、日本国をあげて、ル（ロ）ーズベ（ヴェ）ルト、チャーチルを呪詛調伏する祈願祭が執りおこなわれた。

当日の新聞によれば、内務大臣の訓令を受けた大日本神祇会では、今回の祈禱を実効あらしめるため、各神社で祈願する時刻を早暁または夜間に、厳格に身をきよめて神職をリーダーとして会を挙行し、敵が全滅する日まで毎日くりひろげることを決定している。また、祈禱の前には太鼓を打ち鳴らし、一般の参加者を積極的に受けいれるよう指導してもいる。

大東亜戦争のさなか、日本では現実に、このような祈禱会がおこなわれていたのである。それは、ルーズベルト、チャーチル呪殺計画、と呼ぶべきものだった。

この昭和十九年八月は、日本の宗教界全体が、従来の行きがかりをすてて、団結し日本の勝利を祈願する「宗教国策」をみとめた時期にあたっている。文部省が打ち出した戦時宗教教化活動方策にもとづいて、「大日本戦時宗教報国会」が組織され、日本の歴史ではじめて仏教、神道、キリスト教が一体となって難局に対処する態勢をかためたのだ。

そもそも宗教の全宗派が、国をすくうために戦争に協力するということは、末期的情況におきる現象といってよい。宗教の多くは、国教のような特別な教派をのぞいては、むしろ戦争による災禍や人の死を悲しむほうが、ふつうだからだ。ところが、婦人も戦力、子供も戦力、電話も兵器、視力も戦力、といった何でもかんでも戦争に関係づける大政翼賛の思想が幅をきかせてくると、宗教もこの潮流にまきこまれる。この傾向に決定的な影響を及ぼしたのが、アメリカ軍による本土空襲だった。

キリスト教をふくむ宗教報国会が「醜敵必滅」の宣言を出し、ルーズベルトやチャーチルら連合国側要人の調伏祈禱にはいった直接の動機は、神社や寺院が無差別に爆撃されたことにあった。この宗教施設の破壊に対し、日本の宗教界は、アメリカ軍が意図的に日本人の精神的支柱をかたちづくっている社寺を破壊しだした、と判断した。これは、アメリカ軍による宗教界への挑戦であり、日本国民とともに日本の宗教も破壊する戦略がかためられたものだ、と結論づけた。そして、アメリカ軍への報復として、全宗教界がとった方策が、米英調伏と敵の指導者呪詛であった。

宗教報国会の声明は、次のようになっている――。

「米国空軍の暴挙は神の道、仏の道にもとるものにして全世界のいかなる宗教的立場より見るも断じて許さるべきものにあらず。ことに神聖なる寺院教会などを故意に攻撃して灰燼に帰せしめ恬として恥じざる冒瀆行為にいたりては、かれらの常に口にする正義人道が一片の口頭に過ぎず、その魂霊は悪魔鬼畜に外ならざることを暴露せるもの」

このような事態は昭和二十年にはいると、さらに拡大し、たとえば昭和二十年五月十五日に靖国神社で執りおこなわれた「寇敵撃攘必勝祈願祭」のような、熱狂的な呪詛大会へと発展していった。この情況に拍車をかけたのが、アメリカ大統領ルーズベルトの急死だった。昭和二十年四月十二日、第二次世界大戦もようやく終結にむかい、ナチス・ドイツをほぼ全面降伏に追いこんだあと、ソ連と手を組んで日本の息の根をとめる交渉も煮つまったとき、ルーズベルトは脳溢血をおこして急逝したのだ。

オカルティストによる占星術戦争

日本の宗教界は、調伏祈禱の成果として大喜びしたが、これにはナチス・ドイツのオカルト戦略もからんでいた。ナチス・ドイツは、オカルティズムに対し、一種独得な関係を結んだ。ヨーロッパに多数いたオカルティスト（占星術師や魔術師たち）を、一方で弾圧し、一方で宣伝用に利用したのだ。

ヒトラーが政権をにぎった一九三七年に、スイスからドイツにやってきた占星術師カール・エルンスト・クラフト（一九〇〇〜四五）は、その代表的な事例だった。クラフトは統計学を占星術に反映させ、科学的根拠をもつ占い術を確立することに情熱を燃やしていた。

一九三九年十一月、クラフトはヒトラーのホロスコープを占ったところ、総統の身が「爆発物の使用による暗殺行為」の危険にさらされる、と予言した。そしてクラフトの予言したとおり、十一月八日にミュンヘンの集会場で時限爆弾が爆発、ナチ党員が七名も爆死する事件がおきた。ヒトラーは生命（いのち）びろいしたが、この予言を耳にしていた国家宣伝相のゲッペルスがクラフトの技術を戦争宣伝に利用することを思いついた。クラフトにノストラダムスの『諸世紀』を解釈させ、連合国の敗北がこの大予言書に予言されていたことを、イギリスやアメリカに喧伝させた。

ところがクラフトは、ヒトラーとナチス・ドイツの勝利を予言する仕事に没頭したにもかかわらず、ナチス側と連合国側の指導者のホロスコープを占い、たとえばナチス側のロンメル将軍よりも連合国側のモンゴメリー将軍のほうが運がある、などという判断を下してしまう。やがてクラフトは反逆分子として強制収容所に送られ、かわって親衛隊長官ヒムラーのかかえた占星術師ヴォルフが同じように要人と帝国の運命をホロスコープによって占いつづけた。

そのナチス・ドイツに大きな歓喜をもたらす占星術の占いが、昭和二十年三月におこなわれた。その占いによれば、「四月の第二週なかばに転換期が訪れる」というのであった。すでに敗戦のふちに立っていたナチス幹部は、最後の逆転をこのホロスコープにかけた。そして四月十三日金曜日、ゲッペルスのもとにとんでもないビッグニュースがとびこんできた。昨夜、アメリカの大統領ルーズベルトが急死した、という報せであった。ゲッペルスはヒトラーに、こう伝えたという。

「総統閣下、まことにおめでとうございます。ルーズベルトが死にました。あの星占いのとおり、本日、四月十三日の金曜日こそが、わが帝国の転換期となります」

ドイツでは占星術により、ルーズベルトの急死が歴史の運命であることをみつける作業がおこなわれた。これに対し、日本では呪詛というかたちで、ダイレクトにルーズベルトをこらしめる方法がとられた。おもしろい相違といえるだろう。しかし重要なのは、占星術にしろ、呪詛にしろ、そのオカルティックな効果や霊力がほんとうに問題にされたのではなかった。ポイントは、情報戦にあったのだ。これらの怪情報は、神経錯乱（さくらん）やデマと同じような効果を発揮する。

一方、イギリスのチャーチルもまた、宣伝戦あるいは情報戦のためにオカルティストを活用し、ナチス・ドイツに対抗した。英国情報部が政府公認の占星術師として採用したのが、ルーマニア生まれのオカルティスト、ルイ・ド・ウォールだった。ド・ウォールはドイツの占星術師たちがどのような予言をするかを事前に判断するという困難な仕事にたずさわり、また、アメリカに渡っては、ドイツの敗戦がノストラダムスの予言書に予言されていたことなどを宣伝し、反ナチス活動をくりひろげた。またチャーチルは戦争の作戦顧問としてシュタインというオカルティストをも活用した。

この英独オカルト戦にあって、二十世紀最大の黒魔術師とよばれたアレイスター・クロウリーが謎めいた動きをみせた事実を語ったのが、マイケル・フィッツジェラルドの『黒魔術の帝国』（訳書は徳間書店刊）だ。

▲チャーチル

イギリスで悪名をほこったセックス魔術の提唱者クロウリーは、一九三六年から三九年のあいだに、何度かドイツを訪れた。ドイツにいるクロウリー崇拝者を介して、クロウリーの主要著作『法の書』をナチスの聖典の一つとして採用するよう、運動した。しかしヒトラーが、クロウリーを拒否した。これに対しクロウリーも、ナチスの政策や思想は魔術哲学の教えにもとる邪悪なものだと断罪し、「イギリスがヒトラーを打倒するであろう」と予言した。

クロウリーがナチス・ドイツに絶望したすぐあと、こんどは英国海軍長官チャーチルの意をうけた海軍情報部長が、クロウリーにアプローチしてきた。このときの会見で、クロウリーが助言したのは、二つの「魔術サイン」であった、とフィッツジェラルドは述べている。

「……最初のサインはとくにチャーチルが使用する。有名なVサインである。すでにみたようにチャーチルにはオカルト的傾向があった。魔術的といえば、Vサインはドイツのハーケンクロイツ、すなわち逆さ卍に対抗する意味をもつ。クロウリーの戦争への二番目の魔術的貢献は、一九四〇年の苦難の日々に〈親指を上げる〉サインを導入したことである。この年、イギリスは孤立し、ドイツ軍とイギリスのあいだには海岸線があるばかりだった。この二番目のサインは勝利とともに性の魔術的サインでもある」

以上の記述が事実であるとすれば、ナチス・ドイツはたいへんな人物をイギリス側に引きわたしてしまったことになる。クロウリーは、魔術によってナチスに対抗したのだ。

ついでに書けば、スターリンのソ連でもまた第二次大戦をオカルティズムの情戦と考えたふしがある。スターリンは、祖国を奪われたヒトラーに敵意をもやしたポーランド系ユダヤ人の霊能者ウォルフ・メシングに関心をもつのだ。メシングは透視力や予知力をもつ霊能者で、ナチスによるポーランド制圧のあとソ連に逃亡した。スターリンはこの人物の霊能力を慎重に試験した。

そしてメシングの力を事実と認め、一九四三年にドイツ軍がロシアに進攻をつづけるさなか、民衆の前で予言をいわせる。

「一九四五年五月はじめに戦争は終わるだろう」と。

敵を〝化物〟に仕立てる巧妙な思想戦

さて、ふたたび日本の事情に話をもどすが、日本では第二次世界大戦の最大の敵とみなしたアメリカについて、一つのオカルティックな偏見をいだいていた。それは、ルーズベルト大統領がフリーメーソンの会員であるという事情にかかわっている。

昭和十八年、大戦のさなかに外務省嘱託の内藤順太郎という人物が『支那とフリーメーソン』と題した書物を刊行する。内藤はその本のなかで、支那事変（日中戦争）と大東亜戦争の本質を、「猶太魔孫（ユダヤ・フリーメーソン）にあると宣言している。

「今次の聖戦は、陰険悪辣なる世界的悪魔の跋扈跳梁をば、徹底的に膺懲して、過去二世紀間、すなわち沸蘭西革命以来、全世界に靡漫せる妖雲を一掃し、豈啻に大東亜のみならず、八紘を掩うて宇と為す御稜威赫赫、全世界を挙げて明朗化せんとするのである。之を要するに支那事変は、単なる日本と支那との衝突では無くして、支那の偽党国政府ならびに中国共産軍を操る英米仏露に巣食う猶太勢力との抗争であり、第二次欧州大戦は、全体主義国家と民主主義国家との戦では無く、また枢軸国国家と連合国国家との争いでは無くして、実に猶太魔孫との戦争であり、大東亜戦こそまた実に天津神（あまつかみ）が魔神（まがつかみ）を膺懲し給う御戦（みいくさ）とするのである」

このようなユダヤ・フリーメーソンによる世界革命陰謀説は、なにも一部の熱狂的な陰謀論者だけに支持されていたのではない。現に、毎日新聞社検閲部長北條清一が書いた『思想戦と国際秘密結社』でも、ユダヤ・フリーメーソンの温床といわれる米国の事情を、次のように述べているのだ。

「祖国の父、独立国家の父と呼ばれる初代大統領のワシントンがフリーメーソン結社員だったという話です。ワシントンは、フリーメーソン結社聖典によって、国家宣誓を行った最初の人であるといわれています。米国では今日までの大統領のうち十二人までがフリーメーソン結社員であるとのことです。現大統領ローズヴェルトは、第三十二階位の所有者でニューヨークの『オランダロッチ第八号』の会員だといわれています（今次大戦が始まって第三十三階位に進んだともいわれる）現内閣の閣僚には、五人の結社員が大臣の椅子を占めているそうです」

以上のように、ルーズベルト大統領がユダヤ・フリーメーソンに深くかかわっていることは、すでに日本でも広く宣伝されていた。当時の日本にとって敵国といわ

▲ルーズベルト

れる英米仏露。この個性的な欧州勢を一括し、しかも当面の難敵アメリカ合衆国の大統領をその主謀者とするのに、もっとも合理的な説明。それがユダヤ・フリーメーソンによる世界革命だった。

したがって、日本の宗教界が武力戦の背後にあって徹底的に思想戦をしかけた相手。それは民主主義でも共産主義でもなかった。実は、ユダヤ・フリーメーソン思想だったのだ。

いや、正確には、このユダヤ・フリーメーソンというわけのわからない思想を、むりやり敵の看板にしてしまったのだった。

こうして、日本各地で執りおこなわれた鬼畜米英調伏の祈禱会は、日本精神を腐敗させるフリーメーソンの首領ルーズベルトを、ことさらに呪詛しようとした。

そして四月十三日、難敵ルーズベルトは、呪詛が効を奏したものかどうかわからないが、たしかに急死した。日米の最後交渉にあたったあの野村吉三郎元駐米大使はこの報に接し、「四、五日前の夢で、ホワイトハウスに行ったらルーズベルトの棺桶置いてあった光景を見たが、まさに正夢となった」と語ったという。

しかし、この大ニュースは、日本中の宗教家に、「呪詛成就」の喜びをあたえることは、ほとんどなかったという。なぜなら、ルーズベルト急死の報が日本に伝えられた四月一日、アメリカ軍は計算でもしたようにみごとに、B-29によって東京を空襲し、なんと、宮城（今の皇居）と明治神宮、ならびに靖国神社周辺を爆撃したからだった。この神域爆撃は日本の宗教家にはかりしれないショックをおよぼした。そしてこのショックは、終戦まで、ついに癒えることがなかったのだ。◆

【初出一覧】（見出しなど一部変えてあります）

「東北王朝にみる出雲文化の影響」
『伝説の神国出雲王朝の謎』／1992年９月

「九州王国の謎」
『バラ色の古代日本海時代』／1992年11月

「聖徳太子の正体」
『太子の顔』／1993年５月

「義経北行伝説の黒幕」
『炎の生涯』／1993年４月

「平泉黄金伝説」
『北方の楽園みちのくの王国』／1992年10月

「裏切りと世論」
『戦国の反逆・謀叛の秘密』／1992年８月

「生きている信長」
『覇王への挑戦』／1994年10月

「兵法書が説く裏切りの極致」
『戦国の反逆・謀叛の秘密』／1992年８月

「家康改葬に秘められた謎」
『黄金の国ジパングの埋蔵金』／1993年３月

「決闘者の世紀　武蔵異聞」
『天下一武闘会Ⅱ』／1994年12月

「歴史的使命を果たし倒れた者」
『龍馬逝く』／1993年11月

「ユダヤ世界制覇の野望に龍馬は消された」
『龍馬逝く』／1993年11月

「隠れた航空戦」
『蒼空の残像』／1993年12月

「零戦の息子たち」
『回天の烈風』／1994年８月

「ルーズベルト、チャーチル呪殺計画」
『魔獣の銃弾』／1994年４月

（以上すべて小社刊）

39125

夢枕(ゆめまくら) 獏(ばく)＋高橋克彦(たかはしかつひこ)ほか

国民の知らない歴史

●二〇〇一年五月五日 初版発行
二〇〇三年十一月一日 三刷発行

発行者―栗原幹夫
発行所―KKベストセラーズ
〒170-8457 東京都豊島区南大塚二-二九-七
電話〇三-五九七六-九一二一（代表）
振替〇〇一八〇-六-一〇三〇八三
http://www.kk-bestsellers.com/

印刷所―錦明印刷 製本所―錦明印刷

●落丁・乱丁本はお取替えいたします。
定価はカバーに明記してあります。

Printed in Japan ISBN4-584-39125-4